倾听的魔法

开口之前，你就赢了

[日]渡边直树——著　孙成志——译

江苏凤凰科学技术出版社
·南京·

江苏省版权局版权局著作权合同登记 图字：10-2020-84 号

图书在版编目（CIP）数据

倾听的魔法 开口之前，你就赢了

著　　者	［日］渡边直树
译　　者	孙成志
责任编辑	祝　萍
责任监制	方　晨
出版发行	江苏凤凰科学技术出版社
出版社地址	南京市湖南路 1 号 A 楼，邮编：210009
出版社网址	http://www.pspress.cn
印　　刷	文畅阁印刷有限公司
开　　本	880mm × 1230mm　1/32
印　　张	4.5
字　　数	91 000
版　　次	2020 年 10 月第 1 版
印　　次	2020 年 10 月第 1 次印刷
标准书号	ISBN 978-7-5713-1125-4
定　　价	28.00 元

图书如有印装质量问题，可随时向我社出版科调换。

目录
CONTENTS

序章 倾听的魔法

第1章 基于『共情』，切身体会对方情绪

第2章 告诉对方『我在听』——点头、附和与复述

第3章 『无压力倾听』的技巧

第4章

学会倾听，万事顺意

序章　倾听的魔法

我们因不懂倾听而痛苦

“懂得如何倾听，你人生的80%就会走向成功。”这是戴尔·卡耐基经典著作《人性的弱点》中的名言。

不是“沟通的80%”，而是“人生的80%”。

也许有人会觉得这种说法太过夸张。诚然，人是不可能仅凭听人讲话就成功的。那么换一种说法如何：“如果不懂得如何倾听，你的人生将举步维艰。”鲜有人会对这句话持有异议吧。

不懂得倾听的顽固者，往往高居“不受欢迎人士排行榜”的前列。对于那些完全不听对方讲话，只知道自说自话的人，恐怕没有人愿意与之共事，更不用说坦诚相待、推心置腹了。一般来说，比起善于表达的人，善于倾听的人更容易构筑起良好的人际关系。

本书的读者想必都已意识到：**不懂得如何倾听，会给日常生活的方方面面带来麻烦和问题。**

比如，你早上起床一睁眼，就听到家人激烈的争吵声，顿时就会有蹙眉掩耳的冲动。母亲一边做早饭，一边冲着正在哭嚷着的孩子不耐烦地吼道：“你怎么这么不听话！”全然不顾孩子说了什么。由于自己说的话被妈妈完全无视，孩子哭得更凶了。上班路上的车站里，一名乘客正焦急地向车站工作人员询问着什么，可工作人员并没有认真在听。而另一方面，这名工作人员也因为其他乘客根本听不进去他的话而颇为无奈。在公司，领导一如既往地发着牢骚坐立不安，还大声呵斥那些把他的话当作耳旁风的员工：“你这是什么态度！”同事向你抱怨，你又会觉得领导骂的也是自己，心情郁闷，听也听不进去。与客户会谈时，如果讨论的是双方都认可的内容，尚能够时时颔首，以示附和，可一旦出现意见分歧，便再也无法听进对方的只言片语了。下班回到家，爱人跟你讲话，你明明在认真听，她却质问你：“喂，你到底有没有在听啊？”你便一下子失去了倾听的兴趣。

在一连串的烦恼中，我们结束了一天的生活，接着又要迎来新一天的痛苦。由于我们不善于倾听他人，生活变成了无尽烦恼的轮回，不知不觉中，我们迎来了短暂人生的终焉。**我们不懂得倾听，使得对方产生了无法倾诉的不满，彼此疲惫不堪，幸福感也渐行渐远。**

这样的生活，我也曾经历过。

与“倾听的魔法”的邂逅

差不多20年来，我所从事的工作无一例外都是以“倾听”为主。

在大学修完心理学课程后，我供职于一家大型通信公司的客服中心。随后在担任管理职位的同时，又回到大学重新学习了临床心理学和心理咨询学。从接听电话到心理咨询，再到专门的“倾听志愿者”，我总共倾听过超过七万人的声音。读者朋友或许会因此认为我是倾听方面的能手，其实直到现在，我也在不断反省和学习。

客服中心是企业对外提供咨询的窗口，是处理顾客来电的地方。在我最初踏足的工作单位，整个工作空间被隔板分割成大量工位，大约一百名接线员列座其间。天花板上众多监控摄像头扫描着下方，实时掌握着几百通电话的处理情况。

在客服中心工作数年后，我被调动到了电话公司，从事接线员的管理工作。管理工作中有一项内容叫“文字化”，具体来说，就是听取接线员和顾客之间的录音对话，记录成文字并进行分析，以达到提高接听质量、更好地服务顾客的目标。“文字化”这项工作，让我切实了解到其他同事是如何倾听顾客说话的，换言之，即“人是如何倾听别人说话的”。我也因此获得了许多新的感悟。

客服中心的从业人员，从二十多岁到六十多岁都有，人生过往和经历也各色各样。他们倾听别人说话的方式也极具个性，可以说，有一百个人就有一百种倾听方式。在这种行业里，原本主张个性的抑制，严格按照工作手册的要求，多采用千篇一律的应答方式。可是，接线员也是人，偶尔也难免流露出人的性情。

在“文字化”的工作经历中，有一件事令我始终难以忘怀。有这样一位专业电话接线员，她极为擅长在倾听对方讲话时融入自己的“感情”，体察顾客的心理。这位目光和蔼的中年女士的脸上，永远呈现着沉稳的微笑，但只要开始接听顾客的来电，她的神情便会立刻变得专业起来。

某日，这位专业的接线员接通了一则电话，从声音分辨，电话那头应该是一位与她年龄相仿的女士。刚开始，这位顾客语无伦次，十分情绪化：言辞缺乏主语，语序混乱，措辞不当，甚至偶尔还会跳到其他的话题上。而那位接线员女士在电话这头却始终耐心附和着，认真地倾听。每过一段时间，又复述一遍对方的话，并问“您说的是这个意思吧”，以确认对方的用意。整个过程仿佛母亲在聆听孩子讲话。我在记录这段通话内容时，也十分钦佩这位接线员的出色应答方式。

这样的对话持续了一会儿。突然，电话那头的女士说道：“其实，我先生不久前刚去世。我现在非常迷茫。”

一时间，电话两端都陷入了深深的沉默，时间仿佛默祷般在彼此的呼吸声中悄悄流去。接线员只是静静聆听着对方的“沉默”，什么也没有说。

虽然只有录音，我却也切切实实地感受到身为倾听者的接线员在向电话那头的女士微微点头，以示慰问。

这大概是丈夫过世后，想就解约手续进行相关咨询的一通电话吧。在这样的场合吐露心迹，或许有些不合时宜，但正是感受到对方是一位“可交心的人”，这位女士才在不经意间流露出了真情实感。

良久，犹如一线穿透黑夜的光，接线员那满怀同情的附和声在电话中再次响起：“是这样啊……”

在文字化的过程中，遇到诸如“那个”“嗯”“啊”之类“无意义的词”，一般都会删除。但在这通电话里，对话双方所说的每一个词、每一句话，我都一字不差地记录了下来。为什么这样做，我自己也不知道。在这场安静的通话中，感情的洪流却是如此震耳欲聋。在我的记录里，连用于表示双方感情的省略号都被完整地记载了下来。在记录过程中，我感叹于这位接线员高超的应答技巧，竟在不知不觉中停下了双手。

我从未想到，倾听者所采用倾听方式的不同，会让会话的节奏和倾诉者的状态产生如此大的变化。我当时觉得，那位接线员一定是使用了什么魔法。

那一瞬间，我极其强烈地意识到“倾听的魔法”的存在。

成为倾听专家

很多人或许以为“听”比“说”简单。但其实，**听别人讲话比自己说话要难上百倍，需要格外的专注与技巧。**

这样说或许不好理解，但请诸位读者放心，在客服中心和心理咨询室里，每天都有大批专业人士在从事“倾听”的工作，他们每天都在积累大量的经验和方法。电话接线员和心理咨询师所采用的是一种特殊的倾听方式。接线员每天要接听二十人次以上，心理咨询师有时一天也要接待十人以上。这种工作强度，一般人早就身心俱疲了。

那么，一般人的倾听方式是什么样的呢？

以先前的案例为例，当对方言语不清，甚至连想表达什么都不清楚的时候，一般人往往会变得极不耐烦，要么按自己的方式强行解释对方的意思，要么就是赶快结束这场对话。另外一点，相信各位都有所经历。在遇到言辞激烈的投诉或有关烦恼的咨询时，听话人也很容易受到对方负面情绪的冲击，积郁于心。在这种状况下，倾听便成了一件颇令人疲惫的事。

如果让对方的抱怨和恶言等负能量转移到自己身上，我们便会与对方同愤怒共悲伤。这会极大地消耗我们的精力和体力。之后我们也会谈到，**在倾听别人说话的时候，点头、附和、重复对方的发言等做法极其重要。**然而，当我们无法与对方产生共情，试图去反驳时，原本简单的一个点头或一句附和就也变得十分艰难。如此一来，便会给对方留下“你没听我说话”的印象。

倾听的基本方法

专业的倾听者为什么能够长久地将注意力集中于听取对方的话上呢？原因在于，他们谨遵了**倾听的基本方法**。

我们在学校里会学习如何表达，但少有机会去学习如何倾听。比拼口语表达能力的演讲比赛比比皆是，但却从没听过有什么“倾听大赛”。我们自出生以来就在接触形形色色的人，通过听觉获取海量的信息。但是，**从来没有人好好教过我们应当如何去“听”**。然而，在“听”这一行为中，确实存在着一些鲜为人知的基本技巧和方法。并且诚如先前提到的专家级接线员的例子，这个世界上确实存在着一种足以被称作“倾听的魔法”的特殊技巧。

多年来，我见过很多优秀的接线员。不论电话那头的人是谁，他们都能在极短的时间内赢得对方的信任，哪怕只有一分钟。

本书中，我将基于二十多年来在客服中心和心理咨询室的倾听经历，为大家介绍一些专业人士独到的倾听技巧。此外，我还会援引在心理学和心理咨询课程上学到的知识和方法，为大家介绍一些心理学中有关倾听方法的趣味论题，以及具备实践性的沟通技巧。

这是一本汇集倾听的方式与技巧的书。通过阅读本书，掌握相关技巧，你也一定能成为“倾听达人”。不论是倾诉者还是倾听者，都能更轻松愉快地倾听对方的表达，交流中将不再有摩擦，沟通将变得更加顺畅，对话双方也能在更深的层面上实现相互理解。

学会倾听有何好处？

“没有人听我讲话”“没有人理解我”，在当代，似乎很多人都有诸如此类的苦恼。人人都试图表达自己的思想或是“表现自我”，即便平时是沉默寡言的人，一旦得到了开口的机会，也往往口若悬河、滔滔不绝。

认真倾听他人说话，是一种对他人原始需求的满足。倾听，即意味着对他人的接受以及对其存在的认同，故而会赢得对方的信任，使其对你敞开心扉。

掌握了能够赢得对方信任、使其安心的倾听方法，不仅会使你的交流变得更加顺畅，也会给工作中的同事和领导、朋友、伙伴、恋人、家人等亲密的人际关系带来积极影响。拥有倾听的能力，还能够聚拢人心，获取更多的信息。另外，当代人的心理压力普遍较大。**预防家人、孩子、密友、伙伴或恋人罹患抑郁症的最好方法，就是认真倾听，关爱他们。**

心病和身病一样，重在预防。那么心病该如何预防呢？人一有压力，就容易话多、发牢骚。如果你的亲朋好友处于这种状态，那么此时多倾听他们讲话，会极大地缓解他们的压力，达到治愈效果。

最新的心理研究证明，**向他人倾诉自己的内心或烦恼，得到他人的理解，不仅可以稳定心态，倾诉者自身的健康以及社会适应能力也都会得到提升。**比如，《美国国家科学院院刊》曾刊载过一篇由哈佛大学杰森·米歇尔等人撰写的论文，其中提到，通过倾诉自我并获得他人的倾听，大脑会变得更加活跃，并分泌一种令人愉悦的物质——多巴胺。（引自《有点“不公平”的大脑》池谷裕二著，朝日新闻出版）

关于倾听的心理效果，依据著名的马斯洛人类需求五层次理论，被倾听可以满足人的“尊重需求”和“归属需求”。在成果至上的当今社会，每个人都殚精竭虑，怀着“得不到理解”的愤懑，去和自己的同事、朋友、家人、伙伴、恋人接触和交往。通过阅读本书掌握倾听的技巧，并以此待人接物，你定会赢得对方的信任，构建起更为良好的人际关系。

事实上，**学会倾听不仅有利于倾诉者，对倾听者也十分有益。**人一旦忙起来，谁都觉得没工夫去听别人说话。然而研究表明，越是忙碌的时候，越可以通过倾听别人的倾诉并提供相应帮助来缓解自身心理的紧张。消除了紧张，时间自然也就相对充裕起来，也就更容易集中精力工作。尽快完成工作，也就真正实现了时间上的宽裕。

切身体会对方情绪，告诉对方“我在听”

从下一章开始，我们将具体讲解“倾听的魔法”究竟为何物。不过在那之前，我想请问读者们，在得知这是一本有关倾听方法的书时，诸位最初认为它讲的会是什么内容呢?

是如何在对话中准确无误地领会对方想要表达的信息？还是如何从对方所说的话中甄选出有价值的内容？抑或是不善沟通的人如何避免自我表达，而引导对方不断表达?

这些诚然是倾听过程中的重要课题，但它们与本书的主旨“倾听的魔法”，尚有一定的区别。

究竟什么是“听”？

本书给出的定义是，“听”是指**“切身体会对方的情绪，并告诉对方‘我在听’”**。

- **切身体会对方的情绪**
- **告诉对方“我在听”**

这一定义来自于心理学中“倾听”这一概念。我为何如此定义？为什么这两点如此重要？就此，我将通过整本书向诸位做详细的解说。

第一点“切身体会对方的情绪”，换言之就是与对方“共情”。第一章中，我将对“共情”这一概念做详细说明。

切身体会对方的情绪，实现共情，随后要做的就是告诉对方“我体会到了你的感受”。怎样去“听”才能让对方体会到你的共情？这一部分将在第二章进行介绍。

为了便于大家可以随时将学到的知识和技巧付诸实践，我将在第三章解答面对不同的人应采取何种不同倾听方式这一问题，并按照情景逐一进行归纳。为了赢得对方的信任，积极地向对方展示你的关心也是极其重要的。第三章将围绕如何在倾听过程中向对方展示你对他发言的兴趣，以及如何缓解对方的紧张情绪等内容展开。

仅仅学会如何“听”，并让对方知道你在“听”，这是不够的，还应当做到真正用心倾听。在最后一章，我将讲解如何做到用心倾听。

在本书中，既有读罢翌日即可付诸实践的简单技巧，也有需要相当程度的训练才能熟稔的复杂理论。读罢此书，即使你仍觉得“还是学不会倾听”，也不必太在意。是有知识、有意识地去“听”，还是在没有任何概念的情况下去“听”，将必然导向两种截然不同的人生。

第1章

基于“共情”，切身体会对方情绪

三种倾听方式的差异

在序章中，我将“听”定义为：“切身体会对方的情绪，并告诉对方‘我在听’”。

- **切身体会对方的情绪**
- **告诉对方“我在听”**

而在本章中，我将向大家详细介绍第一条倾听的魔法——“切身体会对方的情绪”。

在认真听取他人发言之前，我们首先要做的是切身体会对方的感受。换言之，就是要实现与对方的“共情”。为了便于大家理解“共情”这一概念，首先来看一看我们平时在无意识中常常使用的三种倾听方式。

1. 收集信息式

第一种倾听方式，是基于对方的话语“描述了什么事实”这一视角。

这种方式着眼于状况与事实，以捕捉信息为目标，收集诸如“时间、地点、人物、对象、原因、经过”（When，Where，Who，What，Why，How）的“5W1H”信息。这是一种在商务领域不可或缺的倾听方式。在这种倾听方式中，语言是否符合逻辑，是否合乎事实显得尤为重要。而另一方面，倾诉者和倾听者对于语言的“感受”则被忽略了。

2. 自我中心式

第二种倾听方式，是基于对方的话语“是否与自己一致”这一视角。

对方的想法和感觉是否与自己一致？对方的经验和知识水平如何？价值观如何？与我有哪些共同和不同？这种倾听方式主要着眼于这些问题。在这种倾听方式下，如果双方的想法一致，则能友好相处；一旦想法不一致，则可能导致关系的破裂或冲突的产生。

绝大多数的日常会话，都是以这种自我中心式的倾听方式进行。

3. 对方中心式

最后一种倾听方式，是基于“对方如何”这一视角。

这种倾听方式的前提，是认识到对方与自己拥有不同的价值观。即便双方拥有十分相似的经历，但对于同一经历的想法却未必相同。对方在想什么？对方看重的是什么？通过思考这些问题，增进双方对彼此差异的相互理解。“靠近对方”“支持对方”“以对方的方式去理解”，这是“对方中心式”倾听法的特点所在。

“对方中心式”就是切身体会对方情绪，以“共情”为基础的倾听方式。

换言之，**基于“共情”的倾听方式，不是分析信息理清事实，也不是凭借个人兴趣去听，而是要“倾听对方的感受”。**

我刚开始在客服中心工作时，遇到过这样一件事。

我接到一位男士的咨询电话，他说自己的电话和网络都连不上了，希望我帮他解决一下。我一面查询，一面试着回答他的问题，但逐渐地，这位男士的语气变得越发焦躁不安。突然，他喊道："好好听我说！"

当然，我自认为是在认真听他讲话的。我不为所动，依旧淡定地接听着，一边困惑对方为何莫名其妙地情绪化。我试图继续跟他对话，但他却完全听不进去。最后，我终于迎来了那句台词，那是所有在客服中心工作过的接线员都不止一次体验过的恐怖——"叫你领导过来！"

现在回想起来，当时的我根本不懂什么是"共情"倾听法。

那位男士在咨询时，心里一定一直怀着某种影影绰绰的不悦，而我在接听他的电话时，竟然全程完全没有注意到这一点。

我其实是一个不爱流露感情的人。这或许源自我头脑中认为自己身为男性、身为长子就应当如何的责任意识。此外，诸多场合和经历也告诫我，过于情绪化是无益的。正因为如此，我对自己的感情和他人的感情都十分冷漠，因而也难以体察他人的情绪。这是我从客服中心的投诉电话中悟出来的。按照先前提到的三种倾听方式，我所谓的"在好好听他说话"，其实只是对"收集信息式"的一种贯彻罢了。

这场风波使我意识到，不能只做一个"听话"的接线员，而要学习一些心理咨询方面的知识，去倾听别人的"心"。于是在工作之余，我又去再次研读心理学和心理咨询课程，直至今日。

使双方都愉悦的倾听方式

以对方为中心的“共情”倾听法，并不是强迫自己听对方说话，更不是控制对方诱导其发言，而是**让对话双方彼此都感到轻松愉快，互相增进理解。**倾听者要主动贴近倾诉者，努力了解对方的情感、诉求和烦恼，站在对方的立场上，去理解对方在“此时此地”的感受和对周围环境的认识。

因此，**我们在倾听时要注意对方的语言、表情、态度、措辞，切身体会对方想要表达的“感受”。**

但这并不是要刻意地诱导说话人，不是引导他去注意什么、明白什么，也不需要刻意去取悦他、讨好他。我们要做的，就是将心比心地去支持他、接纳他，做一个合格的理解者。到最后，对方可能会有所领会，最终彼此理解，但我们不能从对话的初始就期待这样的结果。人类拥有自我成长的能力，**解铃还须系铃人，根本性地解决问题只能依靠当事人本人。这是共情倾听法的根本理念。**

在压力繁重的当今社会，很多人都会觉得无论和谁在一起，都很难获得满足感。对他们而言，听不明就里的人给他们出主意、提意见、挑毛病，并不是他们所期许的。能有个人陪着自己，倾听一下自己的心声，其实就足够了。

人在充满压力和酸楚之时，是什么都听不进去的。心中苦涩之时，即便你告诉他要改变行动，改变想法，他也无法从心理上接纳。

而当面对懂得共情倾听法的人时，倾诉者的孤独感会得到宽慰，压力也会随之缓解。如果倾听者的话语能让自己感受到被陪伴的温暖，倾诉者便会一吐为快，不仅感到放松，还会加深对自己内心的理解。在这种交往关系下，倾诉者与倾听者之间才更容易建立起相互的信任。

“共情”不是“同意”

这句话听起来有些抽象，我们先来看看“共情”这一概念。

“共情”的近义词有“同意”或“同情”。**一般情况下，“共情”与“同意”“同情”是作为同义词使用的，但在心理学领域，此三者是截然不同的概念。**“倾听的魔法”与一般意义上的“听”泾渭分明的界线即在于此。

心理学上的“同意”和“同情”，指的是对对方的意见表示“赞成”。换言之，就是告诉对方“我也是这么想的”，句子的主语始终是“我”。**而“共情”，则是要将自己的感受先放到一边，努力去理解对方的感受，“原来你是这样想的啊”，**句子的主语是“你”。

请大家看下面的例子。咖啡厅里，A、B二人正在喝茶。

（1）店里播放着音乐，正是两人都非常喜欢的曲子。

A：啊，这首曲子好听，我特别喜欢。

B：知道知道，我也特别喜欢。

这种情况下，B对A表示了赞成。“我也……”这个词的出现，表示内心的箭头指向自己。按照三种倾听方式来划分，这属于“自我中心式”。

再看下面这个例子。

（2）店里播放着音乐，A喜欢这首曲子，但B不喜欢。

A：啊，这首曲子好听，我特别喜欢。

B：是吗，我不喜欢。

如果倾听的基准在于“同意”与否，那么只要与对方的意见相左，就会表现出这样的反感和异议。这同样是“自我中心式”的倾听方式。

如果是“共情”的倾听方式会如何呢？“共情”与是否赞同对方无关。请看下面的例子。

（3）店里播放着音乐，A喜欢这首曲子，但B不喜欢。

A：啊，这首曲子好听，我特别喜欢。

B：这样啊，原来你喜欢这首曲子啊。（你喜欢这首曲子的心情，我理解到了。）

在这里，B并没有“同意”A的观点，但也并没有像（2）中那样做出反驳。

与（1）和（2）中B说话的主语为“我”不同，（3）中B说话的主语是“你”，内心的箭头是指向对方的。只不过在实际对话中，我们最好不要把“你”字说出来，而要把它留在我们心里。[①]心中体会对方的心情，才是“共情”。这种“共情”的倾听方式，就是先前提到的“对方中心式”。

回顾一下，所谓“共情”，是指暂时将自己的感受放在一边，心中想“原来你是这样想的啊”，并将其作为对方的心情予以理解。需要注意的是，“暂时放低自己的感受”，不是要将自己的内心涂白，或是消除自己的心情。不是要否定自己的感受，而是要在明确意识到自身感受的同时，将其“放在一边”。如果将整个过程想象成视觉图像，实际就是将“自己的感受”这个东西放置在自己旁边。如此想象，我们就能很好地理解何为“共情”了。这也是心理咨询师常会使用的技巧之一。

如前文所述，句子主语是谁，内心的箭头指向谁，依据的是谁的基准，这些是“共情”和“同意”的区别所在。

接下来，我们将进入“倾听的魔法”的重点。

“共情”和“同意”是两种截然不同的倾听方式，所以这二者

①原文为日语，日语中第二人称“你”经常省略，但在汉语中则未必如此。——译注

才可以在人的内心中共存。换言之，你可以自由选择自己的倾听方式，是“同意而不共情”，还是“既同意又共情”，又或是“不同意但共情”。

“同意”是自我本位的倾听方式，“共情”是对方本位的倾听方式。是以“同意”的方式去“听”，还是以“共情”的方式真切地“倾听”，并不是非二选一不可，**你可以自由地决定想采用的倾听方式。**在不否认自身感受的情况下倾听对方，让自己和对方都感到轻松愉快，是这种倾听方式的重要基础所在。

“我们不一样”

如果一个人只懂得自我中心式的“同意倾听法”，那么他就只能听取那些他所赞同的意见，而对于相左的看法则充耳不闻。**要知道，差异才是人与人之间的常态。**这世间一切矛盾与不合、冲突与悲剧的元凶，即在于对这一简单真理的认识不足。小到爱人间的口角争执，大到国际社会中政治、宗教的互相敌视，说古今中外一切纷争的根源皆在于此，也毫不为过。

想要在沟通中实现同对方的“共情”，有一个小技巧，那就是**不要将对方的话翻译成自己的语言，要把自己与对方区分开来。**

譬如，一位客服工作人员接到了一通电话，电话里的女士劈头盖脸便如此说道。

对方：“你们这帮人可真没用！”

一般人的反应很可能是这样的：

听者：啊？（心中“咯噔”一下：什么？我们没用？）

在这里，大多数人都下意识地将对方口中的“你们”翻译成了“我们”，将自己的感情带入到对方的话语中进行解释。这样一来，心里就会产生“不赞同对方”的抵抗情绪，对接下来对方要说的话就很难认真听取了。

同样的话，如果采用的是“共情倾听法”，效果又会如何呢？

对方：“你们这帮人可真没用！”

听者：请问您是遇到什么问题了吗？（心中想的是：原来对方有“你们这帮人可真没用”这种想法。）

我们应当将对方的发言按照对方的原意进行理解。对此，不管我们有怎样的想法和意见，都要先放在心里不做表达。只要对方不向我们发问，我们就没有将自己的想法告知对方的必要。因为大多数说“你们这帮人可真没用”的人，其实只是想发泄一下内心的焦躁情绪，并不是想了解听者的意见。

无法以共情的态度听取对方的一个原因在于，我们会下意识地将自己的感情混入对方的话语中，将对方的话理解成“我们真没用”。这样沟通的结果就是，我们会自然萌生抵抗心理，再也听不进去对方说的话，而对方也无法推心置腹地表达想法了，一场沟通便就此告终。

不要将对方口中的“你”条件反射式地翻译成“我”。说话人的意见和感情只属于他自己，不属于我们。认识到这一点，就可以很好地将对方与自己区分开来了。说话人的发言内容与听者的意见无关，仅仅代表他是那么想的而已。我们没有否定对方想法的权力，也没有那样做的必要。这种倾听的态度，就是“共情”。

我在做心理咨询师的时候，多次遇到过咨询者的语言攻击。每每遇到这种情况，我都会想“这与我无关，只代表他是这么想的，他是这么看待的”，然后不断说“是啊，是啊”，以附和对方。随后突然某一刻，原本情绪激动的对方态度瞬间变得柔和起来。这是因为在我的这种倾听方式下，他意识到“我说的话对方听进去了，我的想法被理解了”。

之所以能达到这样的效果，诚如前述，是因为我采用了将对方和自己完全区分开来的思维方式。

“请继续说下去……”

常听人说，即便亲密如恋人或夫妻，牢骚也是发不得的，只要一发牢骚，俩人就得吵起来。可是反过来说，假如你的恋人或伴侣是一个善于倾听对方抱怨的人，那你们的关系就能稳定维持下去。越是亲密的关系，对方的牢骚话听起来就越像是在对自己发脾气，是在否定自己，故而反唇相讥。于是一场谈话就此终了，演化成争吵。可以解决这种困境的技巧，正是之前提到的“区分自己和对方”。

在倾听过程中，倘若只会以要么赞成、要么反对的“同意倾听法”应对，那就只有在与对方意见一致时才能听进去，但凡意见不合，就会产生矛盾。

据说，引发恋人或伴侣之间争吵的原因九成都是极其琐碎的小事：嫌对方吃相太丑、总是吃对身体有害的东西、脱下衣服后乱扔乱放、不随手关厕所门、不扔垃圾……诸如此类。从早晨问安的方式，到吃东西的方式、整理物品的方式、打扫卫生的方式、健康生活的方式……这些“常识”或“价值观”，是我们从孩提时期就受到各自家庭的教育，从养育我们的人以及周围的大人们那里继承来的。也正是在这样的环境中，我们培养出了属于自己的喜好，换句话说，就是“偏见”。

所谓常识，是人到了某个年龄时所拥有的全部偏见的总和。我们总是相信自己的常识永远正确。正因为如此，与我们的常识相悖的话语或意见，听起来便十分刺耳，忍不住想驳斥一番。此时的我们也就听不进去对方说的话，进而引起争吵。

学习了正确的倾听方式以后，若是悟性强的人，当天就能和过去总是吵得不可开交的死对头和平共处，并且还能够冷静地听取对方的发言。

我曾经请教过国际知名的人际关系和情感问题研究专家约翰·格雷博士，当女性生气或抱怨时，男性应该说些什么呢？博士告诉我，应当说“请继续说下去”。从这以后，我便始终奉行这一方法。不知是不是这一妙招的缘故，我几乎没和女性发生过争吵。除非是自己太过疲惫，实在听不进去对方说话，那时我会向对方说明缘由，争取对方的理解。但凡情况允许，我都会集中全部注意力去倾听对方的发言。我并不会发表多余的建议，只是向对方展示自己的“共情”。

因为对方想要的，其实也只是如此而已。

摘下“有色眼镜”

以上提到的内容，只要有意识地去实践，你的倾听能力都会得到明显改善。但如果想以更加轻松的态度去倾听，则需要**意识到自己心中的“滤镜”（即认知结构）。**

设想一下，假如你在听某人说话时，突然觉得对方的话十分刺耳。此时的你就很难再继续倾听下去了。可是这种“刺耳感”究竟是从何而来的呢？这是因为，处于那个时间、那种状态下的你，通过“滤镜”，也就是内心的“有色眼镜”，对对方的话语进行了解读。那种“刺耳感”是经由“滤镜”产生的认知，是一种判断的心理结构。

这一结论的依据在于，同样的一段话，有的人听到后却不会有任何感觉。根据听者身份、所处状况的不同，其对于听到的内容也会产生不同的反应。

我们再回顾之前举过的例子。在客服中心，某位女士在电话中说：“你们这帮人可真没用！”

听到这句话的人会怎么想呢？对于同一个人说的同样一句话，根据听者所处状况的不同，其倾听的方式大体可分为以下几种：

- **接听了很长时间，全心全意为她服务却换来这样一句怨言。**（唉，我都服务到这份上了，居然还这么说我，真让人难过。）
- **对工作有着很高的自豪感，坚信自己能行。**（说我没用？不存在的，我一定要处理好。）
- **自我评价较低，认为自己确实没出息。**（说的一点没错，唉……）
- **对这份工作充满厌恶，打算第二天就辞职。**（果然，当初决定辞掉这份工作是对的。）

怎么样？在此我只列举了四种心理模式，而在真实的客服中心，有一百个接线员就有一百种应对方式。也就是说，即便对方是同一个人，说的是同样的话，也会产生一百种互不相同的倾听方式。

之所以听不进对方的话，与其说是对方态度和语言的问题，不如说是由于你在当时的情况下，透过“滤镜”做出了认知判断。倘若你能意识到这一层，那么今后当你感到自己听不进去对方说话的时候，就仍能泰然处之了。

为什么在一场对话中，说的一方和听的一方都感到压力和疲惫呢？这是一种由于听者不同意说者的话所导致的困境，本质上源自双方认知结构的差异。

属于同一人种、使用同一种语言的人，但凡父母不同，其出生的时代、受过的熏陶、住过的房子、成长的环境，必定不尽相同。只要他们上过不同的学校，受过不同的教育，他们遇到过的人、经历过的事、有过的体验也必然有所不同。而这一切的一切，又与其在不同时刻感受事物的方式与思考事物的方式紧密联系在一起，于是造就了与众不同、独一无二的“自己”。因此，任何一个人对事物的看法和理解方法也都是与众不同、独一无二的。接受了这一大前提，在觉得自己得不到理解，或是理解不了对方的时候，你心中的焦躁感或许就能有所减轻。

“不要透过滤镜倾听”，这是“共情倾听法”的一个心理前提。要认识到：对方的认知结构本就应该与自己不同。

所谓对话，即是双方在发言和倾听中，相互展示各自的认知结构，并对彼此间产生的摩擦和误解进行修正的过程。不要透过“有色眼镜”看待对方，而要把自己的“有色眼镜”摘下来向对方展示，告诉对方“你看，我的‘滤镜’是这样的”。这种方式下的互相交流应当是一件乐在其中的事。

“倾听的魔法”也有开关

在此，我想补充一个重要问题。

对于我所介绍的“共情倾听法”，或许有人会觉得这种东西太理想化、太不现实。放下自己的情绪，靠近对方的感受，这种事情听听就得了。想要在平时保持这种态度，除了圣人君子，又有谁能做到呢？

我自己在初学倾听方法的时候也曾产生过这样的误解。当时的我由于正在学习倾听方法，便偏执地认为不论何时何地，不论对何人何事，都应该使用这种倾听技巧。然而，我无法做到对每一个人都时时刻刻保持“共情倾听”的状态。这使我十分苦恼。但当我询问我当时的老师后，老师给我的答案是：**“倾听是一种开关，是打开它还是关上它，决定权在你。”**

“共情倾听法”中的倾听是一种与日常会话截然不同的倾听方式。换言之，即便你掌握了这种倾听技巧，也没必要每天从睁眼到闭眼一直运用它，何况也做不到。

举个例子：此时此刻我正在咖啡厅写这本书稿。我的邻座是三位穿着冬季校服的女生，她们正围着桌上的甜品和饮料嬉笑着。我无意间听到她们的对话内容：

学生A：这个好甜，真好喝！

学生B：加奶不知道怎么样。

学生C：还摄入糖分？恐怕对身体不好吧。

学生A：没事，甜口的和咸口的轮着吃就行。

过去的三十分钟里，她们说的都是这些有的没的。我们一般的日常会话大抵也都是这样的闲聊。在这种情况下，自然没有必要“倾听并贴近对方的感受”，用什么“共情倾听法”。比如对方说“真好喝”，你倘若回答“噢，你觉得这个东西很好喝啊，原来如此”，难免给人扭捏作态之感。听到对方说“甜口和咸口轮着吃就行”，要是反问“你这种观点有什么依据吗”，恐怕颇煞风景。

各位读者应当都明白，“共情”那一套，在这种场合还是免去为好。可是，当我再次注意到那几位女生时，她们的话题却发生了出人意料的变化。

学生A：啊，真愉快。

学生B：这样的机会还挺难得的，今天算是个特殊日子了。

学生C：真是郁闷啊。

她们应该是因为某些特殊原因，才借着这短暂的时间聚到这里聊天的吧。原因虽无从知晓，但不同于之前的聊天内容，此番对话里开始涌动出一种属于她们自己的“感受”。面对“真是郁闷呀”的C，如果A或B觉得自己应当对C的感受表现出靠近与共情，那么此时她们就可以**打开“倾听的魔法”的开关**，切换到“共情倾听法”。

不要觉得自己无论在何时，无论面对何人，都要以对方为中心，都要采用“共情倾听法”。这种想法是完全没有必要的。自我中心的倾听方式并非洪水猛兽。只是要知道，有的时候你也可以选择另一种以对方为中心的倾听方式。这便是“倾听的魔法”的要点所在。

大家都在无意识地告诉对方“我没在听”

在与他人交流的过程中，有大量的信息往往是通过语言之外的媒介传达给对方的。诸如眼神、表情、姿势、音量大小，等等，这些都是远比语言本身更强有力的表达手段。

根据美国人类学家雷·博威斯特的调查，对话中当对方的语言表达和非语言表达之间产生矛盾时，93%的人会更重视非语言表达。比如，对方一边嘴里说着“请不要这样”，一边面露笑容，人往往会倾向于重视对方的笑容，认为“他并不是在拒绝我”。

我在日本倾听能力开发协会任讲师时，曾在讲座上设计过一个名为“木头人”的研讨活动。

木头人

两个人一组，A为说话人，B为倾听者。B横向旋转90度侧坐，耳朵对着A。A面对B的侧脸，在两分钟的时间里，对B叙述他最近遇到的趣事。A在这段时间里不能将视线移开B的侧脸。B要像木头人一样毫无反应地听着A的叙述，要做到完全面无表情，连点头和附和都不可以。

我永远忘不了研讨活动刚开始时那强烈的违和感。A觉得明明自己在说话，却得不到对方的回应，便会立刻产生不安感。因为不知道对方有没有在听，于是特别想把脸凑过去试图看清楚B的表情。紧接着，A会不由自主地说出那句极为常见的话：“喂，你有在听吗？”

通过这种刻意对对方所说的话不做任何反应的实验，我们可以认识到自己在平时的对话里无意间做出的行为动作。我们的态度**正在不知不觉地告诉对方：“我没在听你说话。”**

临床心理学学者平木典子认为，尽管自己在听，却不经意间让对方误认为“我没在听”的动作和态度，具体有以下几种表现。

无意中流露出的“没在听你讲话的态度”：

- 视线不与对方相交，而是看向桌上、窗外、天花板或者侧方。
- 手臂交叉于胸前，面向侧方，或是瘫坐在座位上。
- 行为动作旁若无人，比如看向地板、看书、翻弄笔记本等。
- 表情恍惚出神，回应对方时言辞含混。
- 打断对方发言，试图岔开话题，或开始自说自话。

（参考《图解如何用心倾听对方的“感受”》，PHP研究所）

而在诸如接听电话这种看不见彼此的脸的情况下，有可能出现“回应对方时言辞含混”或“打断对方发言”的行为。

在面对面的沟通中，眼见者如我们的穿着、动作、与对方的距离，耳听者如我们说话的语速和清晰程度，以及回应对方的时机，种种非语言因素都可能在向对方传递一个信息：“我没在听你说话。”

如果你是公司的领导，当员工向你汇报工作时，你是不是仍盯着电脑屏幕，一边敲击着键盘，一边有一搭没一搭地糊弄着你的员工呢？而当你的爱人跟你讲话的时候，你有没有一边忙着自己的事，一边应付着他/她呢？

这样的情况日积月累，就会给对方一种“得不到倾听”的感觉，别人对你的信任也就慢慢消耗殆尽了。

你是倾听者，不是表达者

上文提到的几种有害沟通的行为态度中，“打断对方发言，试图岔开话题，或开始自说自话”，这几种行为尤其需要注意。

我在客服中心做“文字化”工作时，发现即使是专业级的接线员，也有未等到顾客说完便中途插话的情况。这种情况有时就会导致顾客的投诉。

有一通电话是这样的：当事的接线员与顾客都不愿听对方把话讲完，致使谈话始终处于停滞状态。双方的对话充满了误解，一场好好的交流被搞得一团糟。由于彼此都觉得十分焦虑，一通电话竟纠缠了一个小时之久。顾客想要快点解决问题，接线员想要赶紧把这通电话对付完，好去处理不断打来的其他电话。这使得两人都频繁地去打断对方的发言。

不单单是打电话，**所有没等对方说完就打断对方的行为，都极容易给对方留下恶劣印象，是最不可取的倾听方式。**

在理解对方所说的内容之前，首先请养成听对方把话说完的习惯，并且要注意对谈话的结果不要急于求成。一般来说，人们更喜欢表达而不是倾听。因此在本应担当倾听者角色的时候，一旦注意力不够集中，就很有可能不由自主地转换成表达者。

当你的孩子、爱人、家人或是下属来找你倾诉心中的烦恼和困惑的时候，需要格外留意这一点。人在烦恼的状态下很容易对倾诉行为产生犹豫，因此你要注意扮演好倾听者的角色，不要中途变成表达的一方。只要你有意识地回避这种行为，自然就不会出现喧宾夺主的情况。

倾听与倾诉的“时间相对论”

常言道：“听别人说话时总感觉时间漫长，自己说话时却感觉时间短暂。”我认为这句话无意中道出了“听”和“说”的本质。

在人的感觉当中，无聊的时间往往无比漫长，快乐的时光却如同飞逝。心理学中认为，人在做某件事时，是将注意力放在时间的流逝上，还是放在时间以外的事物上，决定了人对于时间长度的不同感知。

如果频繁地注意时间，总是想“时间过了多久了”“离结束还有几分钟”，就会感觉时间很漫长。反过来，如果注意力集中在时间以外的地方，比如“接下来要说些什么”“这个也想说，那个也想说”，就会感觉时间十分短暂。

那么是不是可以说，**人在听别人说话时，注意力往往不能集中在对话上，而只能注意到时间的流逝呢?**

正是因为说者和听者对于时间的感知存在差异，听者才会感到厌倦。

值得一提的是，作为倾听方面的专家，心理咨询师是几乎不会言及自身的。这是为了避免暴露自己的隐私，给对方的心理状态造成直接影响，从而妨碍心理咨询的效果。另外也是为了不占用对方倾诉的时间。

在接线员的职业礼仪中，有一句客套话叫“承蒙赐电，诚惶诚恐”。这句话一方面的意思是“本来是应该由我给您打电话的”，另一方面也包含着“非常抱歉，占用了您讲话的时间”的含义。

为了避免使对方觉得我们的叙述冗长拖沓，我们应当尽可能地让对方成为倾诉者而不是“喧宾夺主”。

综上所述，有些无意识的行为和动作会极大地妨碍“共情倾听法”的实践。在下一章节中，我们将就如何向对方展现“我在听你说话”展开探讨。

第2章

告诉对方“我在听”

——点头、附和与复述

点头与附和的魔法

如何告诉对方“我在听”

在第一章的后半部分我们谈到，在沟通的过程中，语言之外，说话的态度同样也可以传递信息，而某些态度会无意中给对方留下“我没听你说话”的印象。反过来，如果想向对方传达“我在听你说话”的信息，又该如何做呢？这就是“倾听的魔法”第二个要点所在。想要让对方知道你在听,仅仅是口头上说“我听着呢”是远远不够的。

这里要介绍的三种基本方法是：**点头、附和以及复述。**

“点头”很简单，指的是在听对方说话的同时，微微快速向前低头。“附和”指的是“嗯嗯”“是啊”“没错”之类回应对方的声音。

如果点头和附和不够明显，对方就会渐渐失去交谈的兴趣。上一章“木头人”研讨活动的例子就是很好的例证。打电话等看不到彼此的脸的情况更是如此，为了加深彼此的理解与沟通，附和更是不可或缺。相对于面对面的交流，互相看不见的交流更应重视附和这一技巧的应用。

顺便提一句，专业心理咨询师与咨询者的对话，几乎完全是靠附和推进的。附和的种类也有很多，要根据不同场合适当选择。

一般的附和：“嗯”“对”“没错”
同意对方意见的时候：“您说的是”“我也这么认为”
听到了新的信息：“原来是那样啊！”“这我还真不知道”
对话题产生兴趣：“这可真有意思”“真难以置信”“厉害厉害”

此外，还有很多别的方式。但仅凭以上几种，在回应对方时通过自由组合，对同一种附和进行语气上的调整，就可以衍生出多种多样的应答方式。

了解自己的“附和口头禅”

有的人会有一些附和上的口头禅，但频繁使用同一种附和方式，会让对方觉得不自在。另外，偶尔我们也会听到以下几种稍显另类的附和方式。

“啊哈”（“啊”和“是啊”的混合缩略）
“哦——”（“是啊”的缩略）
“原来是”（“原来如此”和“是啊”的混合缩略）

有的人或许并不在意，但有的人可能并不喜欢这种略显轻慢的回应。平时我们可能在不经意间使用过类似的附和方式，但在商务场合以及与他人初次见面时，还是应稍加注意。

再次提醒大家，平时要善于发现自己常用的附和方式。自己也许很难注意到自己的口头禅，不妨把自己的附和声录下来听一听。

不要说“可是……”

有的人喜欢在附和的同时加上“可是……”“不过……”“不是那样的……”之类的否定词。

说话者：我今天终于去了一直想去的那家咖啡厅。

倾听者：可是，那家有点贵吧。

专业的推销员也会出现类似的状况。

说话者：我们店用的是A公司的无线设备，没觉得有什么不方便的啊。

倾听者：不不，我听说他们家连接很不稳定，并且在安全性上也不如我们公司。

说话者想要表达的感受是什么呢？应当是“终于去了那家向往已久的咖啡厅，真开心”，以及“我并不觉得现在使用的无线设备有什么不方便”。倾听的一方没有必要去否定对方。说话人如果得不到听话人的理解，就可能会感到沮丧，产生抗拒心理。

当然，这并不是说不允许听话人提出反对意见。但即便有不认同的地方，也尽量不要条件反射地蹦出否定的词语，而是要先搁置自己的情绪，首先接纳对方的想法，之后再以问句的形式提出反对意见。

说话者：我们店用的是A公司的无线设备，没觉得有什么不方便的啊。

倾听者：是啊。A公司确实很受欢迎，很多店铺都在用他们的产品。您有没有觉得他们家的信号连接不太稳定？

说话者：你还别说，确实有点。贵公司的产品价格是多少？

优秀的推销员是绝对不会否定对方的意见的。他们从来不会使用“不不不”“可是……”“我不是说了吗”“你说什么”这种否定表达。即便认为对方错了，也会先回答“是”，体察对方的心理，以肯定的态度去接纳对方。

通过认真听取对方的发言，用眼神告诉对方“身为专业人士，我希望能为你提供所需要的东西”，呈现一种不功利、不计得失的个人印象。这样一来，对方自然会觉得“这个人的推荐应该靠谱”，从而赢得对方的信任。

掌握附和语，掌控对话节奏

点头与附和是一种向对方示意的动作，告诉对方“我正认真听着呢”。这是彼此建立信任关系的重要基础。

除此以外，点头与附和还有一个重要作用，那就是**在必要时，插入双方的对话，掌控对话的节奏。**

以语速非常快的人为例。在附和他时，要使用“嗯、嗯、嗯”回应，节奏短促而明快。这样一来，对方可以保持说话的节奏，我们的理解也就能跟得上，也避免了向对方提问或确认。另外，当我们需要复述对方说过的话时，也不必花时间去回忆对方刚说过的内容。

倾听时，除了“嗯、嗯”这种短促的附和，也可以**采用沉稳、不疾不徐的语气。**我推荐的方式是：试着一边慢慢吐气，一边如同在湖面上泛舟一样缓缓晃动身体，同时使用四种附和语回应对方：“没错”“我明白”“不是吧，真的吗”以及“原来是这样啊”。灵活运用这四种附和用语，对方说话的声音和你的应答声就能时常重叠在一起。

也有人建议我，对方正在说话的时候，不可以发出附和声。不过，我倒觉得没有必要那么拘谨。

相比于费心思不让自己的声音盖过对方，更重要的是，在点头和附和的同时，要有意识地为接下来的复述或提问留出必要的空间。你的附和声是否盖过了对方说话的声音，说话人一般是不会在意的。他只会沉浸在闲适的气氛中，自由地表达自己，以放松的心情与你沟通。请大家务必尝试一下这种倾听的诀窍。

配合对方说话的内容、语速和声调

下面这种技巧，不同于上面的四种附和用语，指的是**用点头或附和的方式，有意识地去配合说话人的语速、音量、声调、节奏以及呼吸。**

如果对方语速快、声调高，倾听者点头的频率和附和的声调也应相应提高。反之，如果对方语速慢、声音低，倾听者也应当慢节奏点头，用略低的声音回应。对方语气欢快，你就不要哭丧着脸；对方语气悲伤，你更不能嘻嘻哈哈；对方语速急促，你则不能不紧不慢；对方语速平缓，你就不能着急忙慌。要观察、体会对方的表情和态度，并做出相应的配合。

配合对方说话的节奏，可以使双方的情感达到同步，也拉近彼此心灵间的距离。这种技巧被称作"步调一致化"，同时也是一种商业培训技巧。借助这种方式，听者不单单是在听取对方所"说"的内容，还可以切身感受对方之所感，想对方之所想。这就是所谓的"理解对方的感受"，你也可以称之为"贴近对方的倾听方式"。

当然，所谓"贴近"并不是要将身体或者耳朵凑近对方。尽管我们知道说话者和倾听者在认知结构上有所不同，或者说正是由于彼此间的这种不同，我们才应当通过点头或是附和的方式，去有意识地贴近对方的心理，去切身体会对方的感受和感情，以此达到理解对方的终极目的。

这种方式与演员演戏很相似。演员会饰演与自己性格完全不同的角色，我们在倾听当中偶尔也需要抛弃自己的人设和自尊心，努力贴近对方。

客服这种工作，每天都需要同众多不同的人沟通。在工作中，如果能配合好对方说话的内容、语速以及声调，便能够以崭新的面貌面对每一位客人。这也不失为一种转换心情的好方法。此外，在讨论欢快的话题时提高声调，在讨论严肃的话题时压低声调，也会使对话更加张弛有度。等你发现自己能够掌控一场对话的走势时，工作也会变得格外有趣。并且通过提高自身的自律性，日常的压力也会随之缓解。

乍一看，这里的“步调一致化”同先前的四种附和用语似乎是截然相反的两种方法，但这二者的目的是一致的，都是为了告诉对方“我在听你说话”“我完全理解你”。

将附和切换至“深入话题模式”

时常有从事营销工作的人向我请教这样的问题：在与顾客交

谈时，自己有的时候会很想问问题，或是想询问顾客的需求。但对方正说得起劲儿，自己也不好中途打断。再者说，对话中途突然提问，也容易把气氛搞僵。

有什么事想问却不敢问，由此所产生的焦躁不安情绪势必会被对方所察觉。那么，究竟应该如何做呢？

附和的方法依然有效。要在提问之前的准备阶段，将附和切换至“深入话题模式”。

我们先来比较一下“深入话题模式”未启动与启动状态下，附和功能的差异。

- **“深入话题模式”未启动**

说话者：是这么一回事……

倾听者：是啊，这种事经常有的。

说话者：是吗？

倾听者：是的，挺常有的。然后呢，又发生了什么？

作为附和，上述对话没有什么问题。但这种回应无形中告诉对方，我对你和你的话题并不感兴趣。这种状态下，提问会显得很不自然。如果硬要提问，对方则会觉得你另有意图。

- **“深入话题模式”启动**

说话者：是这么一回事……

倾听者：真的吗？我还挺好奇的。

说话者：一点不假，真是这么一回事。后来又……

倾听者：欸，都那样了呀？我有个问题，跟您说的这个有点儿关系，可以问一下吗？

以这种附和方式来引导话题深入，不仅可以告诉对方，我对你的话题很感兴趣，也可以让对方感觉到你的关心和重视。这样一来，对方的话题会不断展开，而此时便是你提出问题的好时机。当对方也在渴求你提问题或说出感想时，提问就变得十分自然了。

复述的魔法

“鹦鹉学舌”

掌握了基础的点头与附和之后，我们再来看**“复述”**。

做好点头与附和的同时，**重复对方刚刚说过的一部分内容**，可以有效地给对方留下一种“我在认真听”的印象。

我们先从初级技巧开始。首先来复述对方的原话，也就是“鹦鹉学舌”。

说话者：昨天接到了一个推销电话，我订购了他们的套餐，不过……

倾听者：您接到了推销的电话，然后订购了他们的套餐，是吧。

这种如同鹦鹉学舌的方式，只是单纯复述对方说过的一部分内容，但却能有效地留给对方一种“他在认真听我说话”“他认同我说的话”的印象。至于复述的内容，只要是对方说过的话，原则上什么内容都可以。但是切记，**不要擅自改动对方的措辞和表达，要尽量原原本本地去复述。**

复述这种方法对于一部分人来说是一种挑战，需要通过爆发力去克服内心的阻力。不熟练的人要尝试养成原原本本复述对方话语的意识，哪怕一天只练习一分钟也可以。

复述对方的感受

适当选取对方说过的内容，并加以“鹦鹉学舌”式的复述，这种方法固然有效。但时间久了，难免给人一种左耳进右耳出的感觉。另外一种更为有效的方法是，在复述对方话语的同时，表达自身“感受”的内容。这一技巧也是第一章提到的“共情倾听法”的要点之一。

我们要复述的是“感受词”，也就是蕴藏着说话人感受的词句。倾听的同时，努力将注意力同时放在自己和对方的感受上，从对方所说的话语中，选取适当的“感受词”，加以复述。

我们看一个例子。

说话者：我女儿今年三岁了，真高兴啊。

毫无疑问，这句话中的感受词是“高兴”。这时我们可以回答“那确实值得高兴啊”，以此复述对方的感受。

再看下面这个例子。

说话者：我女儿今年三岁了。

这种情况下应该复述哪个词呢？说话者此时的情绪是怎样的呢？女儿三岁了，这是一件值得开心的事，当然对方会觉得高兴了。不过果真如此吗？

实际上，正确答案是“不知道”。这句话中没有出现“感受词”。既然没有感受词，我们就不知道对方的真实心情。我们不知道发生了什么，也有可能对方接下来要说的是一些伤感的话题。这种情况下，就没有必要硬去复述什么感受了。遇到上个例子中的情况，这样说就可以：

倾听者：噢，是吗？

要知道，人所说的话大体上可分为“客观事实”和“主观感受”两部分。在倾听时，如果不知道该复述哪一部分内容，只要注意区分这两者，就能很容易地找出“感受词”了。

说话者：昨天接到了一个推销电话，我就订购了他们的套餐，不过……

如果要从这个例句中摘取一个简短的关键词来复述，各位会选择哪一个呢？

昨天吗？推销电话吗？他们的套餐吗？您订购了吗？

这四种应答方式都成立。但如果是从倾听“感受”这个角度出发，第四个回答想必最能体现听者对说者“感受”的关注吧。话语末尾的“不过……”说明说话人的感受还没有完全表达出来，其间包含了某种失望的情绪。因此，我们要优先对此表达“共情”。

寻找表达“感受”的词，还可以试着将对方说的话拆分成“客观事实”和“主观感受”两部分。

客观事实：“昨天”“接到了推销电话”“套餐”

主观感受：“我订购了，不过……”

我们应当将注意力放在“不过……”这个词上，然后附和或提问。

倾听者：您订购了是吗？您刚才说“不过……”是什么意思？

如何寻找“感受词”

蕴藏着对方感受的“感受词”，具体又可以细分为若干类。什么是感受词？倾听者在感知到“感受词”后，又是怎样进行复述的？在此分别举例说明：

1. 特殊措辞

说话者：发生了这样一件事，简直是晴天霹雳啊。

倾听者：真是晴天霹雳呀。

“晴天霹雳”就是一种特殊的措辞。所谓“特殊措辞”，包括平日不常用的词语、罕见的表达方式以及成语、俗语等。这些措辞的使用往往更能体现说话人当时的心情。我观察发现，女性更易敏锐地捕捉到对方的“特殊措辞”，并以一种幽默的方式复述出来。她们对女性用语把握之敏锐，彼此心灵间共情能力之高超，我不得不由衷叹服。

2. “果然”“有点儿”“极其”“但是”“可能”“或许是……吧”等，在语句的首尾部分经常出现的副词或语气词

说话者：但是，那家餐厅有点太贵了。

倾听者：是有点贵。

说话者：当时的我总是笑呵呵的，那段日子应该算是蛮幸福的吧。

倾听者：是，应该是幸福的。

3. 表达感受的短语

说话者：我真的感觉自己快撑不下去了。

倾听者：快撑不下去的感觉，是吧。

说话者：我当时突然就明白了：啊，原来是这么一回事啊！

倾听者：突然就明白了，是吧。

4. 说话者多次重复或强调的词语

说话者：我今天起了个大早，6点就起床了，6点呢！

倾听者：6点你就起了呀。

说话者：我会弹吉他！别的就不会了。

倾听者：只会弹吉他呀。

如前文所述，为了更容易地找出“感受词”，应当先将对方说话的内容分为“客观事实”与“主观感受”。但有时，对方反复强调某一客观事实，此时，这一事实就变成了他的主观感受。比如例句中的“6点”和“吉他”，虽然是名词，但同时也表达了说话者的心情。

不要自作主张地更改别人的用词

某些介绍倾听方法的书也许会这样教你：“将对方的用语用另一种形式进行表达，也是一种卓有成效的复述方式。”但是，专业的心理咨询师从来都是原原本本地复述对方的话。为什么呢？因为人都不喜欢自己的用词被随意修改。

如果复述的话与对方原话不同，即使意思相近，对方也容易觉得自己被误解了。于是，他就会再重说一遍。这样一来，对话就停滞不前了。此外，更改用词也是需要花费时间和精力的，这可能会打乱对方说话的节奏。

说话者：我真是吃了一惊。

倾听者：您吓了一跳是吧。

像上面这样，倾听者通过自己的“滤镜”翻译对方的用词，就可能在语感上产生与其原意存在微妙偏差的话语。

“吓了一跳”这类表达，在语感上可能会使人觉得比“吃了一惊”程度更深，有一种“惶恐不安”“战战兢兢”的感觉。根据场景的不同，对方可能会觉得“我只是吃惊而已，跟‘吓了一跳’还是有区别的”“不至于那么夸张吧”，因此这种更改可能会让对方有一种不舒服的感觉。而且，复述对方的原话，可以让对方更容易产生被倾听、被理解的感受。

说话者：我家女儿终于三岁了，可是……

我们发现，这句话里反映对方感受的词有两个，一个是“终于”，一个是“可是”。如果我们只复述“终于”这个词，“可是”的感受就会被忽略，反之亦然。因此我们两个词都要复述。

倾听者：终于三岁了呀。您说“可是”又是怎么一回事呢?

感受词如果出现了两个，就分开来复述，这样更能给对方一种“我的心情被理解了”的感觉。“终于”一词里暗含着父母祈盼女儿健康成长的心情，与此同时，“可是”一词又暗示着，接下来要说的内容是与笑逐颜开、可喜可贺之类截然相反的情感。比如：女儿终于三岁了，可是“跟我这个当爹的一点儿也不亲，所以感觉有些落寞”。

人的精神世界是通过语言体现的。原原本本地复述对方的话语，不做任何更改，这意味着我们没有对对方的语言挑三拣四，而是做一面忠实的“镜子”。这样我们才能告诉对方“我完全接受你”。当我们变成一面镜子，去忠实地复述对方的原话，去清晰地映照对方的感情世界时，对方也会重新审视自身的感受。这便会成为一种契机，使得对方开始注意到他自己的内心。所谓复述，就是这样一种感受的反射。

应对“牢骚话”，“共情”无压力

这里再介绍一种“倾听的魔法”，仅供各位参考。对方向你抱怨的时候，同样利用复述对方原话这一技巧，可以有效避免在倾听过程中产生压力。

如序章部分介绍的，如果让对方的怨言或牢骚等负能量转移到自己身上，对这种负面观点表达赞同或同情，进而与对方同愤怒、共悲伤，这无论对于精神还是肉体，都是一种折磨。

倾听他人的抱怨是一件麻烦事，如果无法得体应对，甚至会影响到人际关系。

说话者：我那个领导，我真想劝他省省吧。真快受不了他了。

倾听者：我知道，好像管理层的其他人也都不信任他。这人真是朵“奇葩”。

当我们对说别人坏话的人表现出赞同时，我们自己也就有了说三道四的嫌疑，甚至可能被当作是诽谤的同党。当然，我们也不能置若罔闻，或是对这种说坏话的行为持批判态度，这样会让对方觉得我们在故作清高。在听别人抱怨的时候，无论赞同与否，都不能算是好的倾听方式。

这个时候，“共情倾听法”就能发挥出威力了。诚如我们之前所说的，在倾听对方的怨言或牢骚时，**不要对“客观事实”表现出**

共情，而是要对对方的“主观感受”产生共情。

说话者：我那个领导，我真想劝他省省吧。真快受不了他了。

倾听者：这样啊，你快受不了他了是吧。

这种倾听方式，可以有效避免对方的负面情绪作用于我们自身。共情的倾听方式还兼具情绪净化作用，抱怨的一方也会感到轻松愉快，压力也会随之缓解。同时由于我们对其感受的共情，抱怨者会觉得自己得到了理解，从而冷静下来。这种方式既不会有害于倾听者的身心健康，也能博得倾诉者的好感。

回应对方发言的要点

对方的发言大体告一段落时，你可以将目前为止所听到的内容中的要点回应给对方。

对方在说话的时候，不要去打断对方，只要在倾听的同时点头、附和就足够了。但是当对方的发言告一段落，他往往不知道你听进去了多少，又理解了多少，由此会产生迟疑感。假如你一直听着不说话，对方就会变得紧张，心想是不是自己说的话太无聊了，更有甚者，可能会觉得你对他有意见。

因此，我们需要通过语言向对方传达我们的“共情”。要将对方说过的话，尤其是表达感受的部分凝缩为几个要点，以“是这样一件事，对吧”的表达方式，告诉对方你听进去了多少，理解了多少。如此一来，对方也就知道你不仅明白了他的感受，也充分理解了他。即便你的理解存在偏差，对方也会主动出来纠正，并且这会使得他更加有诉说的欲望。

这是心理咨询师经常使用的一种倾听技巧。在涉及个人隐私的话题时，**特别是当对方是和你初次见面的人，或者是客服电话的顾客（这可能是你们一生当中唯一一次对话）时，将自己的理解回应给对方是一种格外有效的倾听方法。比起熟人之间的对话，同不熟的人交谈更要注重这种共情与理解的回应。**

当我们将这种“积极关心”的态度传递给对方后，对方就会更加有表达想法和情感的欲望。倾听者同诉说者之间的相互信任便由此得以构筑。

不要归纳对方的感受

很多有关倾听方法的书都认为，“回应”对方的话与“归纳”对方的话是一个意思，但我主张将此二者区分对待。

“回应”指的是在倾听对方的过程中，**保持一种低姿态，认为自己“尚未完全理解对方”。以“是这么一回事吗”的询问方式，向对方提出确认。**而“概括”是指在倾听当中，以“完全理解了对方的想法”为前提，断定“你就是这个意思吧”。看起来似乎区别不大，但这里有一个重要的问题。

心理学中有这样一个说法：**人是无论如何也无法完全理解他人的想法的。**基于这一理论，人们只是稍微听对方说一两句话，无论用了什么科学的倾听法，也绝不足以理解对方的心理。正因为如此，我们才应该做好心理准备，认为自己“没有完全理解对方”。所以，要用“是这么一回事吗”这样一种询问的口气向对方提出确认。

真正使人感到“被倾听”“被理解”的，并不是倾听者对其话语中客观事实部分的充分了解和掌握。不要以为把对方繁杂的表述用精练的语言概括出来，就等于“在认真听了”，这种想法是不可取的。我们不仅要对对方话语中的因果关系和客观事实表示理解，更要就主观感受上可能存在的理解偏差同对方进行确认。

作为倾听者，我们可以概括客观事实，但不可以概括主观感受。对于主观感受，要原原本本地回应回去。

倾听对方的真实心声

我在做心理咨询师时，经常遇到这样的情况：我以为我的委托人想说的是A，结果他真正想要咨询的却是B。我曾遇到过一位男性经理，他告诉我他所经营的公司正面临资金筹措上的困境。当我更深一步挖掘他的想法时，却发现他的内心隐藏着另一种烦恼——他真正想向我倾诉的，其实是希望妻子能对自己更温柔一些。有关自己妻子的烦恼，才是这位男士“真正想表达的东西”。在心理咨询中，这种心理内容被称为**“主诉”**。

有很多人拨打客服中心的电话，是想就自己的种种困难和苦恼寻求一些可能的帮助。这些人平时可能连一分钟都不会浪费，但是为了拨通这则电话，他们却愿意等上很长时间。如果是电话公司的客服中心的话，那么将这些顾客的咨询一律当作电话或网络方面的“技术性咨询”来处理就可以了；可是，技术上的疑问并不是他们想法的全部，在内心深处，他们还渴望得到情感上的理解，渴望电话另一头的人能够体察他们的情绪。

如第一章介绍过的，二十年前我第一次引起的那桩投诉事件，就是因为我只听懂了那位男士的“技术性咨询”，而忽视了他隐藏在“技术性咨询”之下的，希望从我这里得到帮助的“主诉”。而“倾听的魔法”，就是要教大家意识到对方真正想要表达的，也就是他的“主诉”是什么，并加以重点听取。

至于“回应”，简而言之，就是一种围绕说话人想要表达的、情绪化的“主诉”，将你的理解和对方的真实想法进行比较，就其中可能存在的偏差和误解向对方进行确认的方法。

请允许我再强调一遍，真正让人感到“被理解”的，并不仅是倾听者对其话语中客观事实的了解和掌握，更多的是对其主观感受的理解与共情。而正是为了确认我们的理解与共情是否准确，我们才应当努力做好“回应”。

研讨活动之“回应”

在日本倾听能力开发协会，我还就“回应”这一课题策划过一次研讨活动，也就是我接下来要讲的“他我介绍”。

研讨活动——他我介绍

两人一组，A、B两人分别采访对方五分钟。采访结束后，A要向别人介绍B，B也要向别人介绍A，因此，A、B在互相采访当中要顾及对方各方面的信息。不过，采访时不许做笔记。

接下来，在小组内部决定发言（介绍）顺序，开始“他我介绍”。不发言的人要认真听发言者的“他我介绍”。每一个人发言结束后，被介绍的那个人要从以下两个角度对介绍内容进行评价：“说得没错”的地方；“有点不太对”“讲错了”的地方。

随后，小组全体成员轮流进行这一活动。

在体验完这一研讨活动后，大家都会产生各种心理体会。在向小组的其他成员进行“他我介绍”时，被介绍的那个人会在许多方面觉得“我当时跟你说的可不是这个意思啊”。

下面这个例子，是A女士（六十多岁）与我在研讨活动中的对话。

• 采访时

A女士：渡边先生，您学生时代最难忘的记忆是什么？

我：我从小就喜欢听别人讲话，因此，在上大学的时候，我去做过外国留学生的口语陪练。那期间我还跟一位与我同岁的美国女生谈过恋爱……不过在恋爱过程中，或许是价值观的差异问题吧，我总觉得听不进去她所说的话。有一天，我在寝室里发现了一封她塞进来的信，上面写着"你只要听着就好了"……

这段内容不过是对我当时表述的简短概括。实际上，我一口气讲了五分钟，因此信息量很大。想要对如此大量的信息进行准确的听取并回应，非专业心理咨询师难以做到。这是我想强调的一个前提。

• 组内进行"他我介绍"时

A女士：渡边先生在学生时代英语特别厉害，经常跟美国朋友一起聊天。他还交往过一个外国女友，但是因为价值观的不合，两人还是分手了。

各位看出来了吗？从客观事实的角度来说，A女士在某种程度上准确概括了我的表述。但是我真正想要表达的“主诉”，似乎没有在她的“回应”里得到充分展现。当时我意识到A女士的“他我介绍”同我的原话是存在偏差的，因此产生了一种“才不是那么回事”的不爽，也有一种自己的感受没有被理解的焦虑。

各位在读完“如何寻找‘感受词’”这一小节后，想必已经能够看出，A女士的“回应”是以客观事实为主，而几乎没有言及我的主观感受。而且，由于这是一个有关倾听的研讨活动，我在回答她的采访时，讲的也是一个以“听他人说话”为主题的故事。可是她在介绍我时，却没有完全反映出我的意图。

我的感受，实际是藏在“与和我同岁的美国女生谈过恋爱”这句事实的后面，“但是我听不进去她所说的话”这句话里面；紧接着，我的感受还隐藏在“发现了一封她塞进来的信”的后面，“上面写着‘你只要听着就好了’”这句话的里面。对于我的表述，A女士是通过她自己的“有色眼镜”，摘取出“英语”“外国女友”这些她感兴趣的关键词，并将其放到台面上进行展示和讲述。

当然，A女士的转述也不能说有违事实。不过，“但是……”这个感情流露的暗语的后面，才是我真正的“主诉”所在。

我们只会用自己喜欢的方式倾听

各位或许会觉得，A女士的倾听能力特别糟糕。那我自己又做得如何呢？当角色互换之后，我自己便成了倾听的一方。

- 采访时

我：A女士，您老家在东京的哪里？

A女士：我公公的弟弟的老家……（由于她家辈分复杂，到这里我已经听不懂了）一直都是做木板雕刻的，中间搬了好多次家，现在是在江户川，以前是在东银座……（我对东京地名不熟，听不太明白）

- 组内进行“他我介绍”时

我：那个……A女士的祖上，过去是在东银座做木板雕刻的……

A女士当即就纠正我：“不对！”

我本住在小城市，对东京地名不太熟悉，因此在采访时跟不上A女士的节奏，一出现密集的地名，我就犯迷糊。但唯独有一个地名我不会忘。我曾经在银座的茶餐厅约见过一位编辑，当时我出地铁的那一站就叫“东银座”，因此我只对这个地名有印象。换言之，我也是通过自己的“滤镜”去倾听A女士的发言。

这个研讨活动让我明白了一个道理：人只会用自己喜欢的方式去倾听别人说话，去观察这个世界。而当我们将自己在认知构造、理解方式上的差异展示出来，彼此分享并互相回应时，我们就更能把握住对方话语中的“主诉”，倾听的信息精确度也会有所提高。

积极回应，减少工作失误

回应对方说的话，可以告诉对方“我正在听”，也就更容易获得对方信任。然而积极回应的好处还不止于此。复述对方的话，还有助于确认对方所说的内容，从而减少工作上的失误。

举个例子：工作上的电话，既有几分钟就能打完的，也有几十分钟甚至一个小时的“电话粥”。电话一长，对方所说的重要内容就可能被漏听，造成一些安排上的失误。为了避免这种情况发生，复述对方的话就显得尤为重要了。通过复述，可以就整件事的来龙去脉、最后得出的结论等问题向对方确认。

复述不仅能够整理自己的发言，还可以使对方在头脑中回想：我刚才问了什么问题？得到了怎样的回答？我的议题和疑问是否得到了解决？**在沟通中，让对方保持这种“思路井然”的感觉是极为重要的，它可以提高对方的认可感和满足感。**

复述对方的话，可以使我们不再遗漏对方话语中的核心信息，也可以省去再打电话向对方确认或者对方打电话向我们确认的麻烦。最终的结果，便是业务进展顺利，效率得到提升。

提问的魔法

提问是为了避免“自以为知”

目前我们已经讲了四个技巧，分别是点头、附和、复述和回应。接下来我要介绍的技巧是**“提问”**。

回应对方的话，其实也包含着一种“委婉提问”的含义。前面已经提过，所谓回应，就是一种围绕说话人真正想要表达的“主诉”，将你的理解和对方的真实想法进行比较，就其中可能存在的偏差和误解向对方进行确认的方法。

说到底，我们不过是倾听的一方。为了能“正确理解”对方的话，我们才要向对方进行确认。所谓“确认”，就是用“共情倾听法”向对方进行“提问”。

问题是要问，但不能瞎问。首先要认真听对方说话，即使对方陷入沉默，我们也要稍作等待。当我们判断对方的话已经告一段落时，再进行复述和回应。但光这样也是不够的，如果我们想进一步明确对方的感受或想法，就要向对方提问。

不懂就要问

不论是用“倾听的魔法”去倾听对方的感受，还是在平常的对话中去倾听对方描述的客观事实，只要不理解对方的话，就一定要问。举个例子，在商务会话中进行事实确认时，就可以像下面这样直言提问：

“请原谅我的无知，您说的我有些不太理解……”

“不好意思，我没太明白，您说的是这个意思吗？”

我在客服中心听过这样一通电话录音，内容与在一个三层楼的建筑内设置无线网有关。通话双方是一位女接线员和建筑设计师。这位男性设计师对于网络相关的知识堪称烂熟，即便是专家级接线员都时常跟不上他的节奏。而设计师却完全不顾及对方的理解力，只是自顾自地讲。对于那位接线员而言，与其说是在“倾听”，不如说是“能听懂一点是一点”，才不至于被完全抛在后面。但即使如此，也终有完全跟不上对方的时候。此时，这位女接线员便直截了当地表明了自己的无知“不好意思，我业务水平不够，听不懂您说的话”“对不起，我不太明白，您说的是这个意思吗”，烦冗的专业性话题从来都是专业接线员最害怕的。但是这位女接线员却不一样，我知道她的专业知识同样相当丰富。当从她那样博学的人的口中说出“请您指教”这几个字时，我的眼前仿佛浮现出她一边接听着电话，一边虚心地低下头去的样子，其语气中的谦逊着实令人倍受感染。

当她表明了自己的无知，这场对话的节奏也就随之一变。那位一直口若悬河、态度傲慢，心想“你连这都不懂吗”的设计师，突然陷入了短暂的沉默。然后，他仿佛完全变了个人似的，像跟初学者讲话一样，一个一个地选择最简单的用词，以十分浅显易懂的方式解释给对方听。

没有深入的理解和丰富的知识，是不可能做出深入浅出的讲解的。虽然这位设计师是他所在领域的专家，但面对接线员“请您指教”的谦虚姿态，他也感受到了对方满满的诚意。

“得不到倾听”其实是“得不到提问”？

当代人常说自己“得不到倾听”，这通常有两种情况。

第一种情况是没有倾诉的对象，别人没时间听我们讲话；第二种情况是对方不关心我们，不重视我们。

各位可能没有注意过，“听”的实际意义其实是“问”。所谓“问”，就是希望能够“听”到对方的回答。人们口中的“得不到他人的倾听”，有时候其实是“得不到他人的提问”。因此，我们需要掌握一些有效的提问技巧。

有时候，某些场合要求我们必须提问，但有的人绞尽脑汁也想不出一个问题来。这种人要特别注意，因为他们很可能**犯了“自以为知”的毛病**。在对话中，对方目前为止的所有自述，只不过是他全部想法的冰山一角。因此我们要向对方提问，以便能更进一步地探寻对方的思想世界。那些提不出问题来的人，请不要再“自以为了解对方”，而是要以“真正了解对方”为目的，向对方提出你的问题。

无言，对话也可以很顺利

为了能在倾听中实现“共情”，即使对方是你初见无感的类型，也要向他展示出“积极的关心”（这一部分的技巧将在第三章“感兴趣模式”中做详细介绍）。

只不过在一般的对话中，想要对完全不感兴趣的人产生兴趣，是相当困难的。接下来我要为大家介绍一种无论你是否对对方感兴趣，都能够让不喜欢说话的对方滔滔不绝地向你倾诉的技巧。

但凡是人，都不会排斥获得他人的兴趣、关心、重视和使他人产生倾听欲望。

首先，我们可以通过观察对方一目了然的外在形象，去推理其性格特点。个性化的首饰和配饰、身上背的包、服装的穿搭等，这些都能反映出对方“希望被怎样看待”“希望向他人传达怎样的信息”的真实诉求。我们对这些外在元素进行或褒或贬的评价，就能够打开对方的话匣子。

不过，当我们与对方初次见面时，还是采用稳妥的方式为好，注意不要提及对方的容貌问题。

求知若饥，虚心若愚

即使你已经了解了对方的某些方面，也依然要以谦逊无知的态度向对方请教。这同样是一个实用的小技巧。假如你坚信自己早已充分了解，毫无再提问的必要，那么下面这段尴尬的对话就很可能会发生在你身上。

倾听者：XX先生，您喜欢美食探店是吗？

说话者：是的。

倾听者：我就知道。您也喜欢日本酒对吧。

说话者：嗯，是的。

“我就知道”以后的话其实都可以不必说。即便真的“知道”，也不应该抢在对方前面替对方说，而应该**以“虚心若愚”的姿态向对方提问**。如此一来，你和他就不会只是“尬聊”，而可能会像下面这样，获得你之前不知道的新信息。

倾听者： XX先生，您喜欢美食探店是吗？

说话者： 是的。

倾听者： 您平常喝酒吗？

说话者： 对，我喜欢日本酒，但是容易喝醉，所以最近只喝啤酒。

在这段对话里，倾听者虽然觉得自己了解对方，但并没有表现出来，也没有抢先说话，因此获得了两个新信息：说话者“担心喝醉”，以及他因此“最近只喝啤酒”。

另外，有的人之所以不爱表达，是因为对倾诉这一行为心怀芥蒂，不想让别人知道自己的真心，或是不想被别人讨厌。在这种情况下，我们可以试着先展示自己，告诉对方“你看，我是这样的人”。这样一来，对方就能够毫无顾忌地同我们交流了。

当然，即便用到了上文提到的所有技巧，也有人仍然不愿意开口交流。这种人一定有不能说或不想说的理由，因此我们不能强行套他们的话。无论是否采取“共情倾听法”，都要注意这一基本原则。

活用两种提问方式

提问有两种方式，第一种是**“封闭式提问”（closed-question）**，即希望得到“是”或“否”这样简洁明确的回答，第二种是**“开放**

式提问”(open-question)，即要求对方的回答有相当的广度和深度，同时希望了解对方内心的想法。

比如我们以这样的方式向对方提问：

说话者：我们店用的是A公司的无线设备，没觉得有什么不方便的啊。

- **封闭式提问**

倾听者：是。顺便问一下，您是自己选择的A公司吗？还是别人向您介绍的呢？

- **开放式提问**

倾听者：是。顺便问一下，您是由于什么缘由才选择了A公司呢？

一般来说，封闭式提问适用于希望得到关键性信息的场合。但如果过度使用，就会给人一种盘问和诱导的感觉。与此相对，开放式提问可以促进说话人自主性的发言。因此，开放式提问是一种能让说话人更宽泛地表达自己，并进行自我反思的外在动因。

最近，客服中心的电话营业部也鼓励员工多使用开放式提问。不过如果滥用这种方式，或是在同对方的关系还不明确的情况下使用，反而会让对方感到迷惑和不安。

因此，**我们在提问时要根据实际情况灵活处理。先用封闭式提问，让对方回答Yes或No，随后再逐步转移到开放式提问上去。**当对方希望被提问，或是允许我们向他提问的时候，正是我们提问的良机。这是提问的关键所在。

尽量少问“为什么”

日常对话中，我们时常使用“为什么”“是出于什么缘由吗”这样的方式进行提问，但是这些词语并不适用于共情倾听法。

因为这些词从语感上是在暗示对方：“你说的话很奇怪”“你的发言一定毫无根据”。对方听到我们的提问，未必以为我们只是在询问其原因，而很容易将这种询问理解成批评和指责。

共情倾听法并不是一种逼迫对方老实交代的技法，而是要尽可能地让倾诉者自由表达。对方想说什么，我们就听什么；对方暂时不想说的，我们也要尊重他们的选择。如果问对方“为什么”“是出于什么缘由”，就很容易被误解，觉得我们多管闲事。但也不是不能询问对方原因，只要换成下面这种问法就可以了。

“您**为什么**使用家用安保系统呢？”

↓

“您使用家用安保系统，**有什么原因吗？**”

“**您是在什么情况下**才安装了家用安保系统的呢？”

再次提醒诸位，“倾听的魔法”是有开关的。平常和关系亲密的人聊天时，还请放心大胆地问“为什么”“是出于什么缘由”。

采用“共情倾听法”向对方提问，仅限出于了解和确认对方“感受”的目的。

“为什么”这个词，与其说是想理解对方的“感受”，不如说是只是为了搞清客观事实，解决倾听者单方面的疑惑而已，因此它绝不是基于“共情”空间的倾听方式。

那么，如何在避免“为什么”这种表达的同时，也能向对方询问原因呢？下面为大家介绍几种方法。

“您为什么使用家用安保系统？”

1. 直接询问对方的想法

“您是出于怎样的考虑才决定使用家用安保系统的呢？”

2. 对比、假设、反问

“假如您没有安装家用安保系统，您觉得会如何呢？跟现在相比会有什么不同吗？”

3. 假设回到过去，问对方会不会重新选择

“假如您回到当初购买家用安保系统的时候，您会做出其他选择吗？”

4. 询问对方当下的想法

“听过我的介绍，您觉得如何？”

5. 将逻辑跳跃的部分合起来向对方提问

“您刚刚提到‘电线的线路很重要’，以及‘有在使用家用安保

系统’，我有点不太理解这两句话之间的关系，您能解释一下吗？”

（参考：日本倾听能力开发协会资料）

复述还是提问，这是一个问题

是复述对方的话，还是向对方提问，要根据具体情况判断。如果你认为不必提问，只需复述对方的话就可以明确对方的意图，那么复述就好；假如你无法确定对方的意思，那就先暂且跟着复述，待对方的发言告一段落，再决定要不要提出疑问。

提问在什么场合下才能发挥威力呢？举一个例子。

我在做心理咨询师时经常接到这一类咨询：“我（或者我周围的人）尽不到自己应尽的本分，该怎么办才好？”上学是应尽的本分，上班、去公司、找工作……这些在他人看来都是理所当然、稀松平常的事情，为什么偏偏我，或者我的孩子，就是做不到呢？

我们很容易依据如下逻辑去回答他们的问题。

“世上本没有你所说的‘本分’。那样做的人多了，才有了所谓的‘本分’，因此，你并不是非得跟着那样去做不可。你此时此刻的现状，就是你的‘本分’。”

然而，即便咨询者认同这段道理，其内心的矛盾也不会被治愈。或许他还会纠结“到底什么才是本分”，反而更加烦恼。如此一来，咨询者便很容易陷入自我否定的怪圈。

这个时候，“倾听的魔法”就可以发挥威力了。不要如上例那样强行地灌输“本分的定义”，而是询问其本人（或是其母亲）所认为的“本分”究竟为何物，以直接作用于其本人的心理。像下面这样，先复述，再提问。

说话者：为什么别人都能轻轻松松做到的“本分”，我家女儿就做不到呢？

倾听者：别人能做到的“本分”，您家孩子做不到，是吗？（复述）您眼中的“本分”是怎样一种东西呢？（提问）

如果我们跟对方讲深奥的道理和刻板的定义，对方会觉得“确实是那么回事”，但自己就不会再进一步独立思考了。但如果我们倾听对方，去复述对方的原话，并适时地提出问题，对方就能察觉到自己的话语（想法）所反射的内容，从而开始自我内省。这样一来，对事物的解释就不再是囿于单方面的定义，而拥有了无限的可能。

在问题中生活

在本章最后，我想就“提问”这个概念谈一谈我本人的一些看法。首先说结论，我认为**基于“共情”的倾听方法的根本基础，在**

于“在问题中生活”。

比如，拒绝上学的孩子或孩子的母亲会这样想：周围的同学都在本本分分地上学，我该怎么在他们当中生活下去？当他/她开始自我追问和反思时，这本身就是在摸索人生之问的答案。

就业不顺、处处碰壁的人，早已听厌了各种各样的人生教诲：人家拒绝你自然有拒绝你的道理，换句话说，“去那家公司不是你该走的路”。于是他开始烦恼：我该怎么活下去？我的目标是什么？我到底想做什么？当他开始叩问自己这些问题时，正是他一生当中最大的转机。

本本分分地上班，本本分分地升职，本本分分地退休。这样的人到了老年，往往会感到困惑：我这辈子就这样子了吗？我接下来还有什么能做的呢？在他们十几二十几岁，事业举足不前，或是遭遇挫败的时候，他们也曾有过同样的困惑。而几十年后，他们再次叩问自己同样的问题时，他们的人生就再次迎来了重新选择的机会。

人们为了得到倾听和帮助而来向我们咨询的时候，正是他人生中最大的转折点。如果我们认可这一点，那么对于这些在困惑中求索的人，我们就应该完全地接纳他们，表现出我们的共情。这对于他们来说无比重要。

每天不知为什么就是觉得无聊、乏味；生活本应是充实丰富的，但在自己眼里偏偏不是这样；不知道自己为什么活着……诸如此类的问题，我经常从形形色色的人的口中听到。找不到自己真正想做的事；无法变成自己理想的样子，活得也累；虽然工作还算理想，但总觉得哪里不满意；又或是找到了自己想做的事，但莫名觉得空虚；工作虽然应付得来，但不知道工作的意义何在；结了婚成了家，但还是觉得十分孤独；赚的钱已经有好几百万甚至几千万，但却没有想象中那么充实……

我曾有一位十七岁的女性朋友。她念的是当地的天主教女子高中，性格开朗，有什么烦恼都会跟我倾诉。但每次讲到最后，她都一定会问我："你说人活着到底是为了什么啊？"

如果换作别人，可能会觉得这种问题太过矫情，于是糊弄过去；或是回答"别瞎想了，我们去玩吧"，从而巧妙地岔开话题。这种回答不能说不好，而且也是我们在大多数情况下会采取的方式。但我就会忍不住去想：等到她独处的时候，可能又会在心中纠结同样的问题吧。

我在十几岁的时候，也常常问自己同样的问题。上了大学后，我便在心理学和文学的世界里，以及各种各样的书籍中寻找答案。那个女孩子之所以总问我人生的意义，或许是好奇拥有相似经历的我会如何作答吧。

当时的我只是大学生，虽说比那个女孩子多读过一点书，但人生阅历可以说也是一片空白。尽管现在的我早已听惯了他人的种种烦恼，但在当时，我却根本不懂得如何理解她的"问题"。于是，我为她阅读了下面的文字，主题是"要在问题中生活"。

19世纪末奥地利诗人莱内·马利亚·里尔克曾如是说：“亲爱的先生，我要尽我的所能请求你，对于你心里一切的疑难要多多忍耐，要去爱这些‘问题的本身’。现在你不要去追求那些你还不能得到的答案。现在你就在这些问题里生活吧。”①

尚在读高中的那位女孩子，在接下来的人生中还会遇到更加恼人的事情，而她也会继续不断追问自己那些问题的答案。我相信，她会在问题中获得顿悟，拓展眼界，增长智慧，发现人生的价值。

以我当时的阅历，最多只能谈一个我小学时的经历。我小学六年来，所有的班主任无一例外都是女老师。当我有疑问时，她们从来不会立刻回答我，而是先让我独立思考，说出几种答案，然后放到班上讨论。通过这种独立思考的训练，我逐渐学会了如何理解和接受与自己意见不同的人。我在小学的时候，回答问题时都是精神饱满，高高举手，非常喜欢发表自己独树一帜的见解。

现实生活中，即便不能够活得无忧无虑，也要理解透彻究竟何谓“烦恼”，不能只是杞人忧天，让自己沉溺于痛苦。这既是我对那位女孩子的期许，也是我送给她的赠言。

不要在烦恼中生活，要在问题中生活。我们从呱呱坠地起，就享受着这世界深沉的慈爱。生命不会抛弃我们，但生命会给予我们

---

①此段译文引自《给青年诗人的信》，[奥]莱内·马利亚·里尔克著，冯至译，上海译文出版社，2005。——译注

人生的诘问。于是我们便在这些问题中生活下去。

理解对方的感受，告诉对方“我在听”，这是“倾听的魔法”。它不单单是一种听人讲话的技巧，还是一种深深扎根于人的生活和人际关系中的哲学。

第3章

“无压力倾听”的技巧

倾听所带来的巨大压力

用心倾听，避免压力

人有九成的压力都来自于人际关系和沟通交流。只要我们掌握了沟通交流的关键——“倾听”，自然就可有效回避绝大部分压力的产生。

接线员这一行业，总给人一种“压力山大”的印象。因为在日常工作中，他们难免要处理一些言辞激烈的投诉。因此，客服中心的离职率也相对较高，入职不久就辞职的人不在少数。这就是这一行业的现状。

接线员压力大的原因，其实并不完全源于投诉的顾客。即便顾客不来投诉，日常咨询的问题也未必是接线员想听的。有时，顾客讲的话过于专业，完全超出自己的知识水平；有时，顾客的想法太过另类，自己也难以理解。接线员也是人，遇到这样的顾客，也很难一直心平气和地应对，只能一边接听，一边忍气吞声。其结果便是压力滋生，积郁于心。

一旦压力在倾听中涌现，沟通就会变得局促、紧张。更有甚者，还会引来新的投诉。在心理压力面前，连专业的接线员都如此狼狈，更何况普通人呢？

在普通人当中，有爱插话的人，有耐心极差的人，也有不说话就难受的人。第一、二章中，我们谈到了一个重要概念：“倾听的魔法”。本章将基于这一概念，就如何在倾听当中避免压力这一问题，做更具体的说明。章节的后半部分，还会分类列举和介绍一些容易诱发心理压力的场景，以及适用于相应场景的倾听方法和技巧。

被动倾听，难免疲惫

有调查报告显示，与其他行业相比，客服中心的接线员更容易存在工作压力或心理健康问题。

英国健康与安全执行局对就职于全国36家客服中心的1000多名员工进行了一项大规模调查（《客服中心内部社会心理风险成因——对工作设计和满意度的调查》）。调查报告揭示了客服中心接线员成为高压行业的原因。首先是“任务量大”，接线员必须在紧迫的时间里快速处理大量来电；其次是“单纯重复劳动”，接电话这种技术含量低、简单重复的工作，也使员工觉得无法百分之百发挥出自己的能力；最后，是一方面要对顾客谦恭礼貌，一方面又要压缩通话时间的“礼貌悖论”。调查报告还给出了问题的解决方案：“提高接线员的主动性，让他们对自己的工作拥有更高的掌控力，就可以降低他们的工作压力。”

这项调查揭示了一个道理：在听人讲话时，如果将“听”这一动作视作完全被动的行为，就更容易引发工作压力或心理健康问题。反过来，**倾听者如果能成为“听”这一动作的主体，有意识地掌控倾听行为，并适时操纵对话的走向，那么来自对话的压力自然会大大减少。**

这样的“倾听”，在英语中被称为“active listening”（积极倾听）。在对话中，运用点头、附和、复述等方式，饶有兴趣地主动去倾听对方的发言；根据实际情况，自主决定是采用“同意倾听法”还是“共情倾听法”。这样具有主体性的倾听方式，能够极大缓解倾听过程中的压力。

反正要听，何不积极一点？

面对同样一段话，有人会觉得疲惫，有人却能保持心平气和。

在第一章里，我曾举过这样一个例子。一位客服工作人员接通了一则电话，电话那头的女士上来就说：“你们这帮人可真没用！”

突然接到这样一通电话，大家会怎么想呢？一般人都会立刻产生强烈的怪异感和抵触心理，心想“胡说八道！”“别以偏概全，是谁就说是谁，什么‘你们’”“凭什么对我说这种话”“语气好一点儿不行吗”。这是一种看待事物的常见方式，我们称之为**“抗拒模式”**。抗拒模式下的倾听，会使得倾听者身心俱疲。若长期在工作中使用这种方式，很可能会积郁成疾。

那么，怎样倾听才不会疲惫呢？心理咨询专家为我们提供了一个绝佳的参考。

心理咨询专家每天工作长达12小时。他们长时间处于高压语言环境中，其中甚至不乏对咨询师本人的直接攻击。然而，他们却很少会受到精神上的伤害。

原因就在于，比起对方所说的内容，心理咨询专家更关注对方说话的动因，以及其表达方式和感知方式的成因。他们是**带着对这些问题的兴趣去倾听的**。于心理咨询师而言，对方的倾诉就是一份活的研究材料，可以帮助自己再次验证以下理论的正确性：“每个人都有各自不同的认知滤镜。”每一位咨询者，每一位委托人，都在通过五花八门的倾诉，指引着心理咨询师不断逼近人性的本质。因此，心理咨询师从对话中感受到的趣味，远胜过倦怠和无聊。

心理咨询师的这种倾听模式，我们称之为**“兴趣模式”**。试想一下，如果上文提到的例子中的倾听者是一位心理咨询师，他会怎么做呢？

当他听到“你们这帮人可真没用”这句话时，就会立刻调换“倾听的魔法”开关，切换到共情倾听法，并启动“兴趣模式”。

比如，他会想：她说话如此恶毒的原因是什么？她为什么会使用“有用”或“没用”这种词呢？或许是她从小到大都受到家长和老师的高标准、严要求，于是认定自己必须成为一个“有用的人”？莫非，她没有活成自己理想的样子，因而对自己十分苛责？又或者，她觉得自己已经出人头地，是一个“有用的人”？像这样，心理咨询师充分发挥自己丰富的想象力，考虑着各种可能。

临床心理学也告诉我们，对人的言行进行分析可以有多种视角。有的心理咨询师能够像预判象棋的招式一样，立刻联想到五种以上的可能解释。

如果只会用自己的尺度去衡量他人，用自己的认知滤镜去看待他人的言行，被单一视角牢牢束缚住的话，人就只能被困在“抗拒模式”的泥淖中，除了急躁之外一无所获。“抗拒模式”下的倾听，就好比不间断地听上好几个小时的抱怨和牢骚，身体会吃不消的。另外，如果只用一种视角看世界，也会让我们极易对他人的发言感到厌倦。

对方为什么说出了那样的话，做出了那样的事？带着对这些问题的好奇去倾听对方，这一技巧不仅适用于职业咨询师，对于所有人而言，这都是一味能让倾听变得轻松愉悦、让身心更加健康的“灵丹妙药”。

当然，我们可能无法从一开始就像心理咨询专家那样娴熟。但只要有意识地开启你的“兴趣模式”，就一定能够显著缓解倾听所带来的压力。

如何培养对他人的“兴趣模式”

想要对感受方式、理解方式、思考方式不同于自己的人产生沟通上的好奇心，并不是非得学习临床心理学不可，也可以通过阅读观赏各类书籍和电影来获取这种能力。因为，有多少位文学家，有多少位电影导演，就有多少种感受方式、理解方式和思考方式。在欣赏作品的过程中，势必会与一些不同于自己的感受方式、理解方式和思考方式产生思想上的碰撞。

读完一本书，看完一部电影，自己一直以来的感受方式、理解方式和思考方式可能就会因此发生变化，甚至眼中的风景、观察世界的方式都可能发生改变。这种现象，在文学中被称作**"异化"**。

心理咨询师不仅要阅读心理学和精神医学方面的专业书籍，也得广泛涉猎其他领域的书籍或电影。此外，如果咨询者有特别喜爱的作品，为了理解他兴趣爱好的成因，心理咨询师也同样要了解相关的作品。通过这样的方式，我们就更容易站在对方的立场上看问题，更容易与对方共情。

这样一种心态，会使我们即使在面对与自己不同的人时，也不会感到排斥或抗拒，反而能够饶有兴趣、轻松愉快地去倾听对方。

"此时此地"更重要

"无压力倾听"的第一个要点，就是不要被动地去听，而是要尽量积极地去听。第二个要点，则是要**努力将注意力集中于"听"这个动作上。**

近几年，减压方法在世界范围内广受重视。谷歌等企业的员工培训采纳了一种名为“正念”的冥想方法。这是一种冥想训练，要求将意识集中于自己“此时此地”的感知上，譬如，呼吸或是身体的动作。日常的胡思乱想会招致许多焦虑和烦恼，这也是压力形成的原因之一。“正念”要求我们反复进行自我训练，努力将意识集中在自己此时此地的身体感觉上，停止无谓的思考，掐断压力的源头，以达到从压力中解放自我的目的。

这一方法正是利用了人无法同时思考两件事这一特质。将意识强行锁定在此时此地的身体状态上，人就无法再去思考其他无用的事情了。

举个例子：难得的假日，漫步在公园，你却还是不免沉浸在各种胡思乱想当中——未完成的工作、同事的一句话、讨厌的领导、家庭问题，还有杂七杂八的回忆……如果不加控制，这些思绪就会从正在“此时此地”散步的自己身上蔓延出来，像气球一样在意识的天空中飞散、漂浮。接着，懈怠、嫉妒、愤怒、焦躁、懊悔……这一系列与思绪交织在一起的负面情绪就会充斥在脑海中。

这种时候，我们可以试着将意识尽可能地锁定在“走路”这一个行为上。比如我们可以默念：“抬左脚，往前迈，放左脚，落地；抬右脚，往前迈，放右脚，落地。抬左脚……”像这样一边在头脑中做“实况转播”，一边步行。这样一来，我们的意识就能集中在“此时此地”正在进行的动作上，而不会思考任何其他的事情。在这段时间里，我们所有的胡思乱想都会停止，压力水平也会相应降低。这只是对“正念”训练方法的一个简单说明。这种思维方式也可以应用在倾听上。

我们在倾听他人说话时，很容易放任自己产生种种猜测或臆想。倾听时，如果把注意力分散到脑海中涌现的各种杂音之上，就无法将注意力集中于正在“此时此地”说话的对方，以及对方所说的内容本身。不要一听到对方说什么，就立刻去联想他说的那个东西好不好，自己喜不喜欢。不要放任这种与对方毫无关系的胡思乱想占据你的大脑，而是**要努力将注意力集中于正在“此时此地”说话的对方身上，按照对方本来的意思去理解对方、认同对方。**

这种倾听方式还可以更进一步升华。不仅是对方所说的内容，我们还可以使用第二章讲过的“步调一致化”方法，去注意对方的语速、音量、声调、节奏以及呼吸，并做出相应的配合。这套方法和“正念”中“在走路时专注于步伐”的心法是一样的。“正念”是让注意力集中在身体感觉上，而“倾听的魔法”是让注意力集中在“此时此地”听到的话上。在倾听时集中注意力，可以摒除其他杂念，更加用心地去倾听对方的感受。当然，正如“正念”需要反复的训练，“倾听的魔法”也需要一定程度的练习。

是谁放的毒箭？

基于共情的“以对方为中心的倾听法”，并非是对对方所说内容的反复推敲，而是指努力将注意力集中于正在“此时此地”说话的这个人的身上。

佛教中有一个值得玩味的故事。这是收录于初期佛教经典《阿含经》中的一个小片段，它更广为流传的名称叫作《箭喻经》。

一日，佛弟子鬘童子前来请教佛陀："世界恒常存在吗？世界不会恒常永在吗？世界有边际吗？世界无边际吗？生命即是自我吗？生命与自我并非同一吗？佛死后还存在吗？佛死后存在而又不存在吗？佛死后非存在非不存在吗？"

听完弟子的疑问，佛陀安详地答道："就像有人身中毒箭，极感痛苦，他的亲人眷属深怀怜爱，赶紧为他寻找箭医，治疗箭伤。然而，这个中箭者却认为，不能急着拔箭疗毒，我应该首先弄清，要请的箭医姓甚名谁，出身于何等种姓家庭，高矮胖瘦如何，肤色是黑是白抑或不黑不白？家住何处？他不弄清这些就不肯拔箭，则何如？他又问，'那把射我的弓是怎样的？''箭是怎样的？''箭羽是什么鸟的羽毛？'此愚人坚持先弄清这些再拔箭医治，殊不知等不到他弄清，便毒发身亡。"

佛陀认为，鬘童子的问题，同身中毒箭之人的问题一样无意义："若有人这样想，如果佛陀不给我回答世界是常抑或无常等问题，说清何为真理的话，我便不跟随他修道，这是十分愚蠢的想法！此等愚人，不晓得不等他弄清楚这些问题，死期便会到来啊！"[①]

①此处参考《佛陀的智慧》，陈兵著，上海古籍出版社，2006。

不去搜查放毒箭的犯人，也不去调查毒箭的形状，而是将重点放在拔箭救人上。以共情为基础的倾听方法，不正是这样的一种方法吗?

我听别人讲话时，常常会想到“正念”与佛教。说话的人揣着许多话题，一个话题接着一个话题地说下去。我听着听着，就会对他的那些话题入了迷，注意力就不再集中在说话人的身上了。比起话题的内容，更应该努力将注意力集中在“说话人的心态如何、说话人说此番话的目的是什么”这些问题上。这正是“倾听的魔法”的重要内涵。

面对讨厌的人，如何倾听

你为什么讨厌他？

在前文中，我对“如何实现‘无压力倾听’”这一课题做了一些要点性的说明。那么在倾听他人说话时，尤其是在面临一些被认为极易感到压力大的场景时，具体又有哪些窍门和技巧呢？从这一节开始，我将就该问题为大家做详细介绍。

首先让我们设想一下，如果说话的是我们很讨厌的人，那又该如何倾听呢？

我经常接到这样的咨询：“该怎么和自己讨厌的同事、领导或亲戚们相处？”我们所有人，一生当中总能遇上一两个自己讨厌的家伙。私下里，我们可以对他们敬而远之，但工作中就没那么简单了。

人脑中有一个组织，我们意识不到它的存在，但我们一旦对某种东西产生了认识，该组织就会瞬间做出“喜欢”或者“讨厌”的判断。这个组织被称作“脑扁桃体”，它是人脑的原始部分，负责警戒外界危险。我们的祖先为了在遭遇外敌时保全自己，在接触到某个人或某种食物时，会与自己过去的经验进行对照，瞬间对其安全性做出判断。正是这一脑机能的存在，使我们会依据自己过去的经验，去判断对方是不是自己喜欢的那类人，给别人贴上好或恶的标签。

我们一旦喜欢上某个人，就只能看见他好的一面，于是越看越喜欢；相反，一旦讨厌某个人，就会因为偏见只看到他坏的一面，于是越看越讨厌。

第1章已经讲过，我们会在无意中告诉对方“我没有在听”。而如果面对的是讨厌的人，我们还会在无意中告诉对方“我对你没有好感”。这自然会使得双方的关系不断恶化。

把“讨厌”变为“无感”

如果我们的判断是一道二选一的题，只有“喜欢”和“讨厌”两个选项，显然无论面对什么事物，我们能贴的标签就只有这二者之一了。但是请大家思考一下，你从小到大所接触的、认识的人，是不是绝大多数都是你既不喜欢也不讨厌的“无感”的人呢？对于这类人，什么喜不喜欢、讨不讨厌，你大概想都没想过吧。

因此，**对于那些你极度反感的人，你可以试着把他们当成是你既不喜欢也不讨厌的“无感”一类中的一员，尽可能以一颗平常心同他们接触。**单位里的同事和领导，一天中和你交流的时间是十分有限的；至于你的亲戚，除了逢年过节，一年中也见不上几回。对于这些人，其实根本就没有必要做“喜欢”还是“讨厌”的评判。

脑扁桃体是一种原始组织，爬行动物身上也有。如果我们只会对人说三道四，觉得“这个人我喜欢，那个人我讨厌”，那么和散播毒液的毒蛇又有什么分别呢？我们人类是理性的高级生物，我们可以运用理性的大脑，去抑制脑扁桃体只会以好恶标准评判一切的原始机能。

心理咨询师在面对咨询者时也是如此，他从不会喜欢对方或是讨厌对方，而只会将对方视为“无感”的人，公允地聆听对方的发言。正因为如此，心理咨询师才能以共情倾听的方式对待每一位咨询者。

说起来容易，想要熟练掌握，当然还需要练习。但只要掌握了要点，面对自己讨厌的人时的压力就会大大减轻。

讨厌的人也可能帮助你

将自己讨厌的人归到“无感”那一类，确实是一种有效的方法。但是想要进一步消除这种“讨厌他”的心理，就要思考一下**自己讨厌他的真正原因**。心理学中有一条理论认为：“一切人际关系都是映射自身的镜子。”按照这一理论，你越是讨厌的人，就越有可能是有助于你的“贵人”。因为从他们身上，可以反射出你未曾注意到的重要信息。

你之所以会觉得一个人讨厌、可恨，原因其实并不在对方，而在你自己。要知道，帮你从自身找原因的，正是你所讨厌的人。比方说，你很讨厌A，因为你觉得这个人喜欢杞人忧天，光知道瞎想，不知道做正事。然而，真正的原因却可能是，你心中有一种基于自身过去经历而形成的“信念”，这个信念也许是“杞人忧天解决不了任何问题”。A的行为不符合你的这种信念，因此你便对A产生了厌恶感。还有一种可能是，A让你联想到了一位与他性格相仿的人，这个人曾经带给你不愉快的回忆，而这段回忆你始终无法忘却。不管是哪种情况，你讨厌A的原因都在你自己身上。因为不可能所有人都像你一样讨厌A。正是你，对A做出了厌恶的判断。

再举一个例子，你非常讨厌一位工作态度自由散漫的人，我们姑且称之为B。这种情况下，你讨厌B的原因依然不在B的身上。真实的原因可能是，你的常识或价值观认为，“既然是工作，就该好好干”；还有一种可能是，你其实也想偷奸耍滑，可惜没法偷懒，于是羡慕嫉妒B。假如你的同事有一百个人，难道这一百个人会同时讨厌B一个人吗？在绝大多数人眼中，B只是一个“无感”的路人而已。正是你，对B做出了厌恶的判断。

A和B的存在，让你从人际关系的镜面中，看到了自己深藏于心的信念，或是自己未能忘却的伤痛。这样的A和B，难道不是帮助你的“贵人”吗?

这种思考问题的方式，与第1章讲到的反观自身的“认知滤镜”有异曲同工之妙。反观和理解自己的这种认知结构，可以帮助我们无压力地与自己讨厌的人沟通。这便是“倾听的魔法”的功效。

面对意见不合的人，如何倾听

偏见的沉积

基于“共情”的倾听方法，不同于“同意”或“同情”，它与是否赞同对方的观点无关。

在倾听过程中，倘若只会赞成或反对，那就只有在与对方碰巧意见一致时，才能听进去他说的话。不过，即便你自认为遇上了懂你的知己，你的“知己”也可能只是因为情商高而故意顺着你的话说罢了。如果一个人因为自以为是而意识不到这点，那么他离被孤立也就不远了。

著名物理学家、相对论的首创者阿尔伯特·爱因斯坦说过这样一句话：“所谓常识,只不过是年满18岁之前沉积在你思维中的偏见。”

从早晨问安的方式，到吃东西的方式、整理物品的方式、打扫卫生的方式、健康生活的方式……这些“常识”或“价值观”，是我们从孩提时期就受到各自家庭的教育，从养育我们的人以及周围的大人们那里继承来的。也正是在这样的环境中，我们培养出了属于自己的喜好，换句话说，就是“偏见”。所谓“常识”，就是人到了某个年龄时所拥有的全部偏见的总和。我们总是愿意相信自己的常识永远正确。正因为如此，与我们的常识相悖的话语或意见，听来便十分刺耳，忍不住想要驳斥一番。

这个时候，我们就会选择对对方的话“充耳不闻”。

人人心中一杆秤

我们之所以会觉得与自己意见不合之人的话刺耳，是因为我们认为对方所言不正确，想要否定对方。人虽然嘴上不说，但无一例外都在心里坚信“我是对的”。可以说，全世界有多少人，就有多少种“正确”。如果我们拘泥于自己的“正确”，但凡遇到想法与自己不同的人就全盘否定，那么当面对同样笃信“我是对的”的芸芸众生时，同他们之间的矛盾冲突将占据我们生活的全部。

有一种常见的说法叫“我认同对方的观点”。但这并不是指压抑自己的想法，不情不愿地去接纳对方的观点。这样的误解会导向另一种错误认知，那就是“承认对方=否定自己”。

我们每个人心中的所谓“正确”，在心理结构上无非就是第1章所讲的“滤镜”（认知结构）。当我们和他人交往时，如果能**先意识到“我有‘滤镜’，他人也有‘滤镜’”**，那么就不会轻易发生愚蠢的冲突，交往也会更加顺利。

尊敬品格高尚的人，是人之常情。但要我们去尊敬那些敷衍、狡诈、刁蛮、恶毒的人，似乎就有些强人所难。可是，如果我们能至少做到认同这些“坏人”的存在，尊重世界上形形色色的存在方式和评判标准，我们的生活就会变得非常轻松愉快。

再次重申一遍，所谓“同意”，就是赞成的意思。基于共情的倾听，与是否“同意”或是赞成无关。不需要同意或是赞成对方的意见，也能够与对方产生共情。

面对意见不合的人，其实完全可以一边听他说话一边想：“我是对的”“他是错的”。但是我们最好从这种角度出发：**虽然“我”认为你的想法是错的，但我理解“你”认为你的想法是对的。**基于这一种倾听方式，我们不需要说任何违心的话，也可以与对方的意见共存。无论是对方还是我们自己，都不会在沟通中受到伤害。

面对愤怒的人，如何倾听

让对方先发泄

接下来，让我们再设想另一种场景：如果对方正冲你发火，而你又不得不面对他，这时应该怎么做呢？

听火药味十足的人说话，是最让人头疼的事。没有人喜欢这种感觉。当你面对一个怒气爆表、满口情绪化字眼的人，**最不宜做的一件事，就是为自己辩解。**辩解的初衷是为了让对方先冷静下来，但对方很容易将我们的辩解理解成“逃避责任”。他会想：“是你惹我不爽，难道不应该向我道歉吗？”并且，由于不满于自己的话被打断，对方的怒火反而会越烧越旺。

回想一下上文提过的《箭喻经》，就能更好地明白这个道理。我们可以将正在发火的人比作是身中毒箭、痛苦不堪的人，他难道会好奇自己中箭的原因吗？他只想有人帮他从愤怒的痛苦中解脱出来。

在倾听愤怒的人说话时，最重要的依然是“共情”以及“点头、附和、复述”。态度诚恳的点头、恰到好处的附和，以及复述对方话语中的要点，可以让对方感受到我们正尝试理解他；复述对方话语中的“感受词”，可以让对方感受到我们的共情。对方发火的时候，不要说多余的话，不要问多余的问题，而应该向情感的

“主诉”表达歉意。

面对愤怒的人，点头要慢，附和声要低。第2章的“步调一致化”中提到，我们可以用点头或附和的方式，有意识地去配合说话人的语速和音量。但在面对愤怒的人或处理投诉电话时，该技巧就不适用了。

愤怒的人往往语速较快，情绪激动，火药味十足。此时我们就不能和对方“步调一致”了，而是要始终保持谦卑的姿态。只要谨记“点头要慢，附和声要低”这一要领，就可以避免让对话演变成争吵。

愤怒的人之所以说话带刺，是想要发泄自己的怒火，希望别人理解自己的愤怒。倾听者固然不舒服，但最痛苦的还是说话者本人。表面的愤怒背后，隐藏的是得不到倾听的郁闷，是被人无视的酸楚，是失望，是焦躁，是不安，是恐惧……百感交集，汇聚成痛苦，他下意识地想要自我保护，因此才会在无意中攻击对方。

面对这样的人，我们一定要向他们展示出对其愤怒情绪的“共情”。客服中心在处理投诉电话时，经常说这样一句话：“如果我是客人您的话，我也会有同样的感受。”这句话正是在向对方表达自己的“共情”。除了“嗯”“是啊”这类附和词之外，**还可以酌情使用“如果我是您，我也会这么想”“我完全能理解您的愤怒”这样的表达。**

当对方问你：“喂，你在听吗？”

愤怒的人常常会说的话是：“哎哎，你有没有在听啊？”“喂，你在听吗？”这种质疑不仅会出现在顾客的投诉电话中，还有可能来自你的同事、朋友、家人、伙伴或是恋人。各位认为应当如何回应这种质疑呢？

大多数人可能会说，应该回答“我听着呢”。但这样的回答其实意义不大。因为对方口中的“你有没有在听”或“你在听吗”，其实并不是单纯的疑问。对方之所以会这样问，是因为他断定“你没有在听”。而像“我听着呢”这种狡辩式的回答，根本无法扭转对方的判断。“当时怎么没有人听我讲话，现在怎么没有人听我讲话，我好想被人理解”，这才是愤怒者内心真正的台词。

这种时候，上一章讲到的“复述”和“回应”就可以发挥作用了。

面对对方的质问，我们可以**稍稍概括一下对方刚才所说的内容，并加以回应。**“你刚才说的是……对吧？我当然在听了。”这种回应不仅能让对方知道你确实在听，还能让对方觉得自己的感受得到了理解。

处理顾客投诉的关键，在于正确理解对方想要表达什么。不要回答“是，我听着呢”，也不要回答“我在听你说话，所以也请你认真听我说话”。对方说话的时候，我们要谨记保持以下三种态度。除此之外，不要说多余的话，也不要问多余的问题，要直接向情感的“主诉”表达歉意。

1. 态度诚恳地点头、附和
2. 适当概括对方发言中的客观事实，并加以复述
3. 复述对方话语中表达“我很不满，我想投诉”的“感受词”

例如：

说话人：喂，你听我说话了没？

倾听者：您刚才说，您是在……的情况下，遇到了……的问题，是吧？原来是这样啊，真的非常抱歉。

当你认为对方说的不合理时

面对愤怒的人，我们有时可能也会产生一些偏激的想法：“想来想去，错都不在我”“错的是他，谁让他发火来着”。但是，不管我们的想法多么有道理，对方的怒气都无法得到安抚。“我没错”，这种想法的出现意味着我们对对方的观点萌生了逆反心理。这种情形下，“共情模式”就很难启动了。

举个例子：B让同事A做一件事，但A没有做好，因此遭到了B的责备。B希望A能够按时将一份文件从A的工作单位转寄到B这

里。A很快就办理了移送手续，但文件最终还是没能按时送到。B对结果非常生气，于是向A发难。

如果说A已经竭尽所能，却还是遭到了责备，那他当然会觉得委屈。不过，即便觉得委屈，也还是应当回到“共情倾听”这一基本立场上来。尽管不想理会对方，但还是要做到点头、附和、复述，尽量多做回应。

当然了，想要与对方争辩也是人之常情：“那么大的事，你怎么不早说？”“我也有班要上，又不是闲人。我托总务部把文件送到总公司去，是不是得申请？申请花不花时间？”

这一番辩解下来，对方的怒气值必然不降反升。在这种情况下，逻辑清晰的申辩对对方是根本无效的。情感上的交流，无关孰是孰非。对方感到不快的，其实只有“文件没能按时送达”这一件事而已。

你从一开始就在认真听吗?

我们所能做的，只有改变自己的思考方式。这里要为大家介绍的一种思考方式，是**排除自己内心的“杂音（noise）”**。

冷静想想看，当B最开始托A去取文件时，A的心理活动是怎样的呢？当A接到的是一个时间上十分紧迫（一般意义上的）的委托时，他的内心可能会出现如下的杂音，而这些杂音就会干扰到他的倾听。

“又是时间所剩无几的时候才来找我。”

“这家伙就这德行，什么事都爱拖到最后。”

“就算立马开始做，也绝对来不及。”

希望各位注意，以上所说的A内心的杂音，有些或许是符合事实的。不过，B“什么事都不爱提前打招呼”这一点，只是A的想象而已。B之所以在时间紧迫的时候才来找A，可能也有其苦衷；而这一次事情被搞砸，原因也未必全在B的拖延。A的那些判断，只不过是他的想象和推测。而所谓的“绝对来不及”，也不过是A个人的主观臆断。本来，如果A一开始就向公司说明情况，抓紧时间办理手续，或许是能来得及的。但由于A心中的杂音已经盖过了理性的思考，他可能就失去了去争取一下的意愿。

摒弃心中杂音，方见对方真意

如果A能排除内心杂音的干扰，就能认真倾听B的委托，两人的交流也会顺畅许多。

A：哦，好像时间有点紧张啊。

B：是啊。我自己也赶得不行，可还是没来得及。

A：这样啊。我这边向总公司提申请，需要花点时间。

B：确实要花时间呢。

A：总之我先抓紧试试吧。

B：谢了。

像这样，哪怕只是稍微倾听一下对方的感受，我们的回答就会更自然，彼此的沟通也会更顺畅，而双方的关系也会更添加一份信赖感。

面对唠叨的人，如何倾听

保持倾听，直到对方冷静下来

各位的身边有没有一些喜欢发牢骚、说起废话来没完没了的人呢？同这样的人交流，有时真的令人十分厌烦。

我以前上班的地方就有这种人。要是没学过心理学和心理咨询学，我还真未必能扛得住。其实，每当这种爱唠叨的人来找我讲话时，我都会把它当作是一场游戏。因为心理咨询的倾听术中有一条原则，就是在倾听中不要破坏你与对方的关系。

我的身边曾经就有这么一位身居管理层的女性，她总是爱说和工作内容无关的话，并且一开口就停不下来。她的牢骚之多，抱怨时间之长，堪称“超一流”水平。她极频繁地来找我讲话。因为在她的同事中属我最擅长倾听，她可能觉得我比较好说话吧。下面我给大家说说我是怎么和她交流的。

时间充裕时，一定要认真听

如果我时间充裕，觉得听一听长篇大论也无妨，我就会认真听她把话听完。因为说话啰唆的人，其实是练习倾听最好的对象（各位读完本书后，如果身边有说话啰唆的人，请务必在他们身上练习一下倾听技巧）。

我在听她说话时，总是一边专注于寻找她话语中的“感受词”，一边点头、附和、复述。后来我发现，她之所以啰唆，其实并不只是因为爱说话，而是另有缘由。

比方说，她每次说话都会谈到学历问题。先是瞧不起公司里那些（在她看来）理解能力差的人，然后拿出学历等级评分作为她的论据，最后把话题转移到她毕业于某知名大学的事情上去。如此出类拔萃的自己，却未能从事自己理想的工作，居然跑到一个区区客服中心来做管理，接什么投诉电话……从她的这些言辞，可以看出她有某种情结。我正是对此感兴趣，才一直听她说下去，因此并不觉得啰唆。

另外，她还频繁提起她过世的父亲。她先从某位男同事的坏话开始说起，然后十有八九会以“如果换作是我爸爸……”的句式，将话题转移到她先父的往事上去。她会面露幸福地回忆，父亲是那么严格，对她这个独生女又那么好，他曾对她说过这样的话，对她有过这样的教诲……

如果我有充裕的时间和精力，那么我就会一直听她讲话，让她充分释放情绪，直到她的情绪稳定下来。这样做的结果，不仅可以收获许多心得和感悟，还会被认为是值得倾诉的人，从而赢得周围人的信任。

故意告诉对方“我没有在听”

然而，即便是乐于倾听的我，也有时间和精力不够充裕，没法应付她长篇累牍倾诉的时候。

“想要被倾听”的欲望是一个无底洞。如果你没有足够的时间和精力，切记不要过度倾听。这需要一些窍门，比如你可以事先跟对方讲好：“你可以说到九点钟”，然后再坐下来慢慢听他讲话。下面，我给大家介绍一些可以巧妙阻止对方继续说下去的技巧。

第1章中提到，人会在无意中告诉对方“我没有在听”。而我们恰恰可以**反向利用这种无意中做出的动作**。我们再温习一遍之前的内容：

- **视线不与对方相交，而是看向桌上、窗外、天花板或者侧方**
- **手臂交叉于胸前，面向侧方，或是瘫坐在座位上**
- **行为动作旁若无人，比如看向地板、看书、翻弄笔记本等**
- **表情恍惚出神，回应对方时言辞含混**
- **打断对方发言，试图岔开话题，或开始自说自话**

我们还可以像“木头人”研讨活动中那样，毫无反应地听着，犹如一根木头。这也不失为一个有效的办法。故意面无表情，不做反应，也不要点头或是附和。不要担心这样做会惹对方生气，也不要担心对领导这样做会遭到训斥。本来公司就是工作的地方，对方的时间也是有限的，一直扯那些和工作无关的话，对他本人也不是好事。

以刚才那位啰唆的女同事为例，当你的同事从最开始的职场牢骚，逐渐转移到与工作明显无关的私人话题上去，越说越偏，越说越长，这可能说明她已经控制不住自己了。这种时候，我们可以用行动告诉对方“我没有在听”。比起用语言直接提醒，这种委婉的方式更能让对方意识到自己的失态。

以我的经验来说，一旦使用这种妙招，对方基本都会立刻回过神来说“啊，那件事就拜托你了”，然后面带笑容地转身离去。

刻意抢夺话语权

接下来要说的，同样是一个阻止对方继续说下去的方法。这种方法同样反向利用了第1章提到的“交流的特点”。

- **倾听的一方会不知不觉变成倾诉的一方**
- **比起倾听，人更喜欢倾诉**
- **倾听的时间过得慢，倾诉的时间过得快**

对方太啰唆时，我们可以插入一些诸如“说到这个……”之类的“转移话题的词”，让自己代替对方成为倾诉的一方。就对方所说的某个词做文章，或是接过对方提起的话题往下说，强行将发言权转移到自己身上。

之前提到，我们无意中表现出的某些态度，会让对方觉得我们没在听他说话，这其中的态度之一就是打断对方的发言。当对方说话啰唆时，我们就可以反向利用这种态度。对方好不容易有了说话的情绪，却一下子被我们打乱了，有的人甚至会方寸大乱，不知接下去从何开口。不用担心我们的声音会盖过对方的声音，这正是我们的目的。

之前所说的那位啰唆的女士，有一天又来找我没完没了地聊天。我那时没什么时间，就想让她赶紧闭嘴。于是，当她说到她喜欢的志怪小说时，我开始了回击。我抢过她的话茬，用“说到这个……”的句式来转换话题，让自己变成了倾诉的一方，而她则成了倾听的一方。我对她说，我自己也有写文章的爱好，然后递给她一份资料。这是一本我为客服中心的接线员同事们撰写的，有关倾听方法的小册子。我对她说，请你务必通读一遍，然后谈谈你的感想。当然，我并不想知道她的感想，这只是一种让她尽快闭嘴的借口。

一直兴致勃勃说东道西的她，突然被迫变成了倾听的一方。她翻开封面，扫了一眼册子的目录，就立刻把它合上了。她说：“你这个人啊，我也很忙的好吗。哪里有要我花自己的时间，去给你改文章的道理，何况你这本资料还不知道有没有用。”

效果可谓立竿见影。这恰恰极好地说明了“比起倾听，人更喜欢倾诉”“倾听的时间过得慢，倾诉的时间过得快”的道理。可是，当她正准备走的时候，她却说了这样一句让人意想不到的话：“渡边，你要不要把你的资料出版成书，让更多的普通人也读一读呢？”她只说了这一句话，就马上回去工作了。

我有点不明白她的意思。把资料出版成书？我连想都没想过。各位可能已经猜出来了，那份资料，正是本书的原稿。

原本我只是想凭借我在心理咨询学方面的知识，为客服中心的接线员们总结一些倾听的方法。那些简易的资料也不过是拿订书机订起来，分给同事们看看而已。可是当我听到了她的那句无心之言，我就萌生了将资料出版成书的计划。

即便面对领导，同事的牢骚或者唠叨，只要稍稍变换倾听方法，改用倾听的魔法，不仅能得到对方的信任，还有可能就此带来好运。大多数人可能都会觉得，那些只晓得说东说西的“话痨”，我有时间也不想听他们说话，但当你能做到不管对方品性如何，都能轻松自如地倾听其发言时，这种偶然的好运就会同你结缘。

如何倾听少言寡语的人

沉默是金

在日本倾听能力开发协会，我们经常举办慰问老人的志愿者活动，去养老院听老年人说话。我也是其中的一名志愿者。生活中，有很多八九十岁的老年人依旧精神矍铄，但实际去了养老院后才发现，有些老人已经完全不说话了。因为我们是倾听志愿者，对方想说话了，我们就听着，但对方如果不想说话，我们也不能主动去搭话。

沉默，是一种极鲜明的意志表达方式。沉默也分很多种。比如沉默地直视对方的眼睛，这是暗示指责对方。也有若有所思的沉默、推敲措辞的沉默，每当心理咨询师面对这样的沉默，都会主动上去关心对方。在实际的心理咨询当中，也曾出现过咨询者从头到尾一直沉默的情况。对方沉默时，我们可以先让对方思考一会儿，但切忌由你主动打破沉默。

偶尔倾听对方的沉默，也是倾听当中的重要一环。

我想举一个例子，故事的主人公是一位闭门不出的“小宅男”。我曾以电子邮件的方式，为一位常年闭门不出，也不去上学的孩子的父母提供过咨询。孩子的父母告诉我，不管他们问孩子什么，回答永远是“不知道”，他们也不知道该如何是好。孩子不是完全的沉默，但对于父母来说，孩子从来不告诉他们自己的想法，这跟沉默又有什么分别呢。不过，这个孩子其实是在用“不知道”三个字，鲜明地表达着自己的态度。孩子的家长应当注意到这一点。

有很多人不知道该如何处理对话中的沉默。这些人经常错误地以为，其他人一定也和自己一样，受不了沉默的对话。在对话当中，最先打破沉默的往往就是他们。但是以我的经验来说，在来参加倾听方法讲座的人当中，大约只有六成人无法忍受沉默，这个比例不算很高。

在讲座上，我为那些无法忍受沉默的人设计了一个教他们如何倾听沉默的研讨活动。活动内容很简单，以组为单位，分列在桌子的两边，面对面坐着，一段时间内不可以说话。这段时间里，参加者可以自由移动视线，偶尔也可以同其他人目光相交，但唯独不允许说话。通过这一简单的活动，大家发现即便自己身处沉默，也没觉得有什么大不了的。或许是因为这次成功的体验，他们发现自己居然已经能心平气和地应对沉默了。

倾听对方的发言时，偶尔也要倾听一下对方的沉默，这会使你感到更加心平气和。**要抛弃“沉默是恶”这种先入为主的观念，而应当相信“沉默是金”。**

“深夜亲友聊旅游风趣事和衣食住行”

虽然沉默需要倾听，但在平时的对话当中，有时也会因为沉默而感到尴尬。接下来我为大家介绍一个摆脱这种尴尬的小技巧，通过寻找身边的话题，来打开对方的话匣子。

心理咨询学中有这样一句口诀：**“深夜亲友聊旅游风趣事和衣食住行。”**这句口诀取自十二个适用于打破尬聊的话题的第一个字。

“深（身）”即身体、健康。人上了年纪，就这也疼那也疼，也就会有很多关于疾病的话题可以聊。

“夜（业）”即事业、工作。比如问对方“你是做什么工作的”之类。人可能没有特别的兴趣爱好，但基本上都有工作。通过谈论这方面的话题，还可以了解对方的社会关系。

“亲”即亲人、家人。可以聊聊各自的爱人或小孩。比如“您夫人是学校的老师吗？”“令爱现在三岁啊，正是可爱的时候呢”之类。一般人被问到家人的事情，对方都会很愿意回答。

“友”即朋友、熟人。如果双方有共同的朋友，自然会聊得更起劲。社交软件中的“共同好友”功能就是一个不错的工具。

“旅游”，即是字面含义。比如“小长假你准备去哪玩？”“你住过那家酒店吗？”之类。这种话题很适合找到两人的共同点，有助于促进两人的关系。

“风”即刮风下雨，天气好坏。这种话题不管是对熟人还是陌生人都可以聊。比如“今天真冷”“今天真热”“今天天气真好，心情也不错”之类的。

“趣”即兴趣爱好。比如“你不上班的时候都喜欢做什么？”“你平时都爱去哪儿？”之类。双方如果有一致的兴趣爱好，就会越聊越开心，也就更倾向于赞成对方的观点，双方的关系自然更加亲密。

“事”即新闻轶事。如果最近有热点新闻，或是发生了什么事件，就可以说“糟糕了，居然发生了那种事”之类。这种话题也适用于刚结识的人。此外，对方对什么样的事件感兴趣，也可以反映出他的问题和思想意识。

“衣食住行”，顾名思义，就是“那件毛衣真适合你”之类的，与对方穿的衣服或时尚有关的话题；“你喜欢吃什么”之类的，与食物相关的话题；“你家房子真漂亮”之类的，与住所相关的话题；以及“你平时怎么上下班”之类的，与交通有关的话题。

以上这些话题，可以很容易地激起大多数人的沟通欲。当对话突然陷入沉默，你苦于寻找新话题时，不妨回想一下这句方便的口诀。

倾听少言寡语的人说话的时候，不要想着如何表达你的立场，而是要在思考对方对什么感兴趣、对方想要什么的同时，去倾听他的发言。不要采取自我本位的态度，要有意识地去思考“对方怎么样”，这样才能打开对方的心扉。

如何在倾听中表达自己

倾听本身就是一种表达

本书已经向大家讲过，为了在倾听中实现与对方的共情，首先要将自己的想法和感受放在一边。同时，本书也介绍了控制表达欲的一些基本方法。

然而，在听对方说话时，有时必须要清楚地强调自己的主张。这种情况在工作中尤其常见。在心理咨询过程中，我经常接到在职场中诸如“不能表达自己的意见”或是“无法表达自己，十分苦恼”之类的问题。

如果表达方式足够巧妙，我们就可以在共情倾听的同时，又向对方传达自己的想法。无须压抑自己的想法，而是在有能力清晰、完整地表达自己的基础上，去选择表达还是不表达。

我们举一个例子。在会议洽谈中，听到某个人说了某句话，你一下子勃然大怒。在这种时候，你其实没有必要立即当场反驳，可以等一段时间，或是离席稍作休整再说。在这段冷静的时间里，你可能会庆幸刚才没有由着性子说出那句驳斥的话。如果这样做了之后，你依然觉得需要想办法让对方了解自己的感受，或是自己的怒火依然不能平息的话，那就在完全冷静下来以后，再找机会和对方单独谈。

有很多事，不说清楚对方是不会明白的。"希望对方猜到我的想法"，这种认识是产生误会的根源。不要让对方猜，而是好好地同对方交流。这样一来，你会发现原来自己也有做得不对的地方。

笨口拙舌，未必是坏事

我从孩提时期起，就更喜欢倾听而不是表达。也许是因为这种性格的关系，每当被别人批评的时候，我都很难当即反驳，或是表达自己的意见，只是沉默地听着对方说话。过了一会儿，我冷静下来，但依然觉得不吐不快时，就会另觅合适的场合，再向对方表达自己的观点。

正因为如此，我时常被人嘲笑"反应迟钝"。我十分羡慕那些伶牙俐齿的朋友和同事，觉得那样才叫真正的沟通。那大概是别人天生的才能吧！在我的印象中，那些口齿伶俐的人在工作中似乎也是如鱼得水。可是后来我才知道，我一直以来在口齿上的缺陷，以及受这种缺陷的影响而不得不采取的低姿态的沟通方式，其实有一个很专业的名字，叫作"话术"。我这才知道，原来自己并没有做错。

这就是我接下来要介绍的"三明治话术"。从那以后，即便我依然无法在别人批评我的时候巧舌如簧地还嘴，也不再羡慕能那样做的人了。

更容易被接受的表达方式

“三明治话术”有以下三个步骤：

1. 认真地复述对方所说的话
2. 在发言中以“我”为主语，向对方表达自己的感受
3. 再次认真地复述对方所说的话

将自己想表达的信息夹在两次“倾听”中间，“三明治话术”便因此得名。

诚如前述，第一步，是要认真地复述对方所说的话；下一步，则是以“我是这样想的”的表述为中心，进行“个人表态”。所谓“个人表态”，是指**尽可能地排除指责对方、控制对方的语感，而只以自己的感情为中心，告诉对方“我是这么觉得的”**。比方说，我们对没有履行承诺的朋友说“请你好好遵守诺言”，这就是一种责备的口吻，而不是“个人表态”。可以换成这种说法：“你没有履行当初的诺言，我感到很失望。”因为所表达的是“失望”这样一种感情，所以这是“个人表态”。在以“个人表态”的形式向对方表达完自己的感受后，要再次复述一遍对方的话。最后，至少要表达出一点“理解对方”的意思，这才是沟通的精髓所在。

“三明治话术”实践法

在日本倾听能力开发协会，我们开展过一个以“三明治话术”为课题的研讨活动。

首先，A、B两人组成一组。设定是这样的：A选一个自己非常喜欢的话题，但B对这个话题非常反感。A向B说出三个他喜欢这个话题的理由。B认真地复述A说的话。

随后，B要以“其实吧……”为开头，向A说出三个他讨厌这个话题的理由。

最后，B再回到第一步，认真地复述A所说的话，并以“我知道A喜欢它，这就够了”的心态去理解。

例如：A喜欢的东西有点古怪——他喜欢乌鸦，而B非常讨厌乌鸦。A向B说出三个他喜欢乌鸦的理由：“我特别喜欢乌鸦。第一个理由是外表可爱。乌鸦经常收集各种亮闪闪的东西，当作装饰品挂在身上。第二个理由，是乌鸦的叫声有种哀愁的感觉，怎么听都不会厌。第三个理由是它生命力顽强。不管是垃圾还是脏东西，它什么都吃，真厉害啊。”

A一边说，B一边复述着A对于乌鸦充满爱意的言辞，并认真倾听。B：“啊，原来你喜欢乌鸦啊。”“可爱，是吗？原来如此。”“乌鸦的叫声你怎么听都不厌烦吗？这样啊。”“乌鸦的食欲确实很旺盛呢。”

随后，B以“其实吧……”为开头，以“我”为主语，使用

“个人表态”的方法，向A说出三个自己讨厌乌鸦的理由：“其实吧，我非常讨厌乌鸦。首先是它的外表，它的羽毛和喙都那么粗大，让我有点害怕。然后是它的叫声，乌鸦总是‘呀——呀——’地叫，我听着心里发慌。最后一个，我印象中乌鸦总是待在垃圾堆上面，感觉有点恶心。”

这里要注意，B所讨厌的只是乌鸦，因此不能去否定或指责喜欢乌鸦的A。要注意不要将矛头指向对方。B：“不过，你非常喜欢乌鸦，觉得乌鸦外表可爱，叫声哀伤，百听不厌，还有它生命力很顽强，是这样吧？”B所说的这句话中，没有“我”字出现。因为这是表达共情的部分，只要做到复述和回应就好，因此作为对方的A也就是“你”，才是这句话的主语。

这段对话中正是运用了正确的倾听技巧，在以共情的方式倾听对方的同时，也能表达出自己的想法。

不必担心被人讨厌

在工作中，要想做到既尊重对方的意见，又清楚表达自己的主张，“三明治话术”是一种有效的方法。不过，可能依然有人会在表达自己的想法或反对意见上犹豫不决。这些人所需要的不仅是话术技巧，而是需要回想一下本书之前所介绍过的，基于共情的倾听方法、思考方法以及思维方式。

有的人觉得无法在公司或组织里表达意见或是展现自己，是因为“不想被当作怪人”“不想被人嫌弃”之类的想法在作祟。这些人在自己可以推心置腹的人面前——比如家人、朋友、恋人——是能够清晰地表达自我的。因为觉得“说了也没事”“他不会讨厌我的”，因此才能毫无顾忌地表现自己。

人之所以会有这种担心被当作怪人，担心被人讨厌的想法与认知，是因为自己在思考问题时，套用了自己的“认知滤镜”。

大多数情况下，“认知滤镜”是基于成长的环境和过去的经验而形成的。不愿意表现自己，可能是因为自己有过这方面的心理创伤，比如曾经在表达意见或表现自我时，发生了某些不愉快的事。然而即便如此，也不代表那些不愉快的事会一直发生。

在你表达自己的意见时，听者中肯定有人觉得“说得真对”“说得真好”。每个人心中的滤镜不同，认知的结构也不同，因此理解方式也不尽相同。

在表达自己意见时，确实可能会有人觉得你古怪，但从另一方面看，不这么认为的也大有人在；可能有人讨厌你，但不讨厌你的人却占大多数。你可能觉得因为表达了意见，展现了自我，就导致自己成了千夫所指的孤家寡人；其实，那只是同你性格不合的人主动离开了你而已，与你性格契合的人终将出现在你面前。你大可以将人际关系中的失败当作是通往成功的小小曲折。

大多数情况下，我们的人际关系同我们的自我意识无关。与我们不合的人自然会疏远，与我们契合的人自然会和我们建立起感情纽带。倘若你只懂得讨好别人，从来不敢表达自己的意见，那么最终只有与这个“不像自己的自己”合得来的人——就是与真正的你不合的人——才会聚到你的周围，和你成为朋友。如果你一直担心那些和你合不来的人“是不是讨厌我了”，那么你的生活将变得索然无味。

有的人坚决不表达意见，坚决不表现自我，某种程度上可以说他们痛恨自己。这种人格的心理成因，就是害怕被别人当作怪人，害怕被别人讨厌，导致只会用这种悲观的“认知滤镜”去思考问题。

不过，也不是非得要做一个敢于面对讨厌的人不可，稍微克服一下自己的恐惧心理就好。当你一点一点逐步表现出个性时，那些讨厌你的人、与你合不来的人就会从你的面前消失，而那些与真实的你相契合的人就会留下来，或是自然而然地被你吸引过来。这样一来，你的人际圈子就会发生良性改变。

第4章

学会倾听，万事顺意

倾听他人与了解自己

读到这里的朋友可能已经发现，本书与其他有关倾听方法的书略有不同。比如，本书一直强调，能不能听进去别人所说的话，原因并不在说话的人身上，而是与倾听者身处的状况以及心态有直接关系。这种心理准备和精神状态是本书强调的重点。

当然，只要将第二章所介绍的“点头、附和、复述”这三个技巧付诸实践，就足够让你成为别人眼中的“倾听高手”。然而本书的目的并不单单是让你获得别人的夸赞，而是希望能更进一步，让你真心将倾听当作一种享受。

因此，在了解有关倾听方法的知识和技巧的基础之上，还需要**改善自己同自己之间的关系，也就是“了解自己”。**这就是“倾听的魔法”的钥匙，也是我在最后一章想同各位分享的话题。

只有了解了自己，才能享受倾听。这一点，本书已经通过多个例子进行了说明。现在将其中的要点总结出来如下：

- **了解了自身的情绪变化，就能更好地倾听对方话语中的“感受词”**
- **了解了自身的“滤镜”（认知结构），就能更好地接纳对方**
- **自身沉淀的价值观和偏见，可能导致无法客观倾听对方说话**
- **听自己讨厌的人说话，可以反观到自己的好恶以及偏见**

本章将就尚未谈及的“了解自己”这部分内容，进行具体介绍。

想认同他人，先认同自己

要想与对方的发言产生“共情”，并且认同对方，那就必须要先认同自己。无法认同自己的人，比如对自己要求过于苛刻，或是只在意自己的不足，这样的人对待他人往往也是同样的态度。这样的心态，只会让自己在倾听方面产生障碍。

能够理解自身感受的人，同样也能够理解对方的感受。一旦理解了自身的感受，心情就会变得舒畅；而一旦理解了对方的感受，你和对方的情绪就都会愉快起来。

相互理解就会共同快乐，这是一个快乐传播的连锁反应。

什么是真正的“自我悦纳”

各位知道“自我悦纳”的真正含义吗？“自我悦纳”是指“接受自己的全部，无论是优点还是缺点，自我肯定，积极乐观。”

很长一段时间，我都以为自己是一个很会自我悦纳的人。在书店偶尔看到一些讲如何自我悦纳的心灵鸡汤，我都会觉得那与自己无关。后来我为了学习倾听，去了一所教授倾听方法的学校。然而第一天在学校发生的一件事，让我切身认识到，原来我并未真正懂得如何自我悦纳。

研讨活动——表扬自己

在四分钟的时间里，在笔记簿上尽可能多地写下自己值得表扬的地方。不一定要写成文章，逐条写或是以词语罗列也可以。写完后，参加者要向组内其他成员汇报你所写的可表扬之处的数量及内容。

各位读者也可以试着写一下。

“忍耐力”“毅力”“记忆力”“努力”“勤奋”“热情”“社交能力强”“注意力集中”“协调性好”“求知欲旺盛”，这些就是我第一次参与研讨活动时所写下的内容。现在回过头来看，总觉得这些词有点刻板、生硬。不过这些就是当时我所认为的自己的全部优点。换言之，除此以外的其他方面，我都不觉得自己值得肯定。

那么，当时和我一起参加研讨活动的其他人又是如何做的呢?

在其他人的发言中，我注意到出现了一些诸如“性格开朗”“心灵手巧”“擅长烹饪”“身材好”“食欲好”“能早起”之类的优点。一个最近刚治好了老年肩周炎的人写的是“手举得起来”；一个刚做完心脏病手术的人写的是“呼吸顺畅”；一个从小城市来到这里的女士写的是“没迷路就从车站走到这儿来了”；一个八十多岁的老奶奶写的是“还活着”……

当看到他们将如此理所应当、如此平凡的事都当作自己的优点时，我惊住了。可是，当我将他们的“优点”同我自己写的优点仔细比较时，我发现，原来我对自己的要求是那么的苛刻。当我想到，也许自己平日对待他人也是如此严苛时，就陷入了良久的愧疚。

平凡何其珍贵

普普通通的一天，和往常一样的一天，没有变化的一天，平凡的一天。每当我觉得这种“平凡”的生活很无聊之时，我都会想起这样一个故事。这是一位专家级的校园心理辅导员告诉我的一个真实的故事。

某小学接到了一个电话，说他们学校的一名儿童在事故中不幸丧生。然而，这名学生的身份无法得到确认，因此老师们开始分头给全校学生的家长打电话，确认其孩子是否安全。

老师们一边翻着花名册，一边按顺序挨个给家长打电话。

“请问安全到家了吗？”说明缘由后，老师们如是询问家长。在电话的另一端，家长们先是大吃一惊，然后大声呼喊自己孩子的名字。有一位母亲大声呼唤着，声音悲痛欲绝，然后拼命地在家中寻找自己孩子的身影。不一会儿，听筒的另一端传来了母亲带着哭腔的声音："谢谢老师！我们家孩子正好好地在自己房间看漫画书呢！"

换作平时，这位母亲大概会斥责孩子："一天到晚就知道看漫画，还不赶紧去学习！"可是这次，当看到正在房间看漫画的孩子，这位母亲却喜极而泣。

"我们家孩子正好好地在睡觉呢！""我们家孩子正好好地在看电视呢！"绝大部分接到电话的家长，他们的反应都与那位母亲一样。

听了这个故事，我终于明白了，平凡的生活是何其伟大，何其珍贵。

平凡的生活对我们是何等的重要啊！可过惯了平凡生活的人往往会忘却这个真理。生活在现代社会的我们，沉浸在媒体信息的狂轰滥炸中，往往会强迫自己成为在某些方面独一无二的人。这样的我们，是不是已经不懂得该如何过平凡的生活了？

细细品味，这是只有在和平年代才能得以实现的"平凡的生活"。这难道不是世上最重要的事吗？抬眼望去那一成不变、毫无新奇之处的天空、大自然和街景，我们有时会萌发触及灵魂的感动。

严于律己者往往不善倾听

之前提到的"表扬自己"的研讨活动，其实共有两轮。在与小组成员们分享完自己所写的优点之后，要再尝试"表扬自己"一次。

第一轮活动中，有很多人写了二三十个自己的优点，在数量上远胜于我。在我看来，他们写的那些如果算是优点的话，那我基本都能做到。我之所以一开始没敢写，是因为觉得那些东西太理所当然、太不值得一提了。

经历了第一轮研讨活动，我才明白，那些我一直以为微不足道的平凡之处，恰恰是那些善于自我表扬的人所悦纳、所肯定的地方。他们在自我悦纳的同时，也积极地肯定着对方，这种对彼此的悦纳与肯定构筑了他们的生活。能够认同平凡而渺小自我的人，往往更容易接纳他人。

研讨活动——表扬自己（第二轮）

不限于第一次活动中所写的内容，再次尽可能多地写下自己值得表扬的地方，无论多么微不足道都可以。

也请各位读者试着再写一次。

我的脑海中浮现出了第一轮活动中，大家拿出来分享的各自的优点。其中有一个人写的是“我能倾听别人说话了”。这让我回忆起了大学时的经历。那些外国留学生们，还有与当时的女朋友，那位美国女生的邂逅。虽然是恋人关系，但交往以后没过多久我就发现，自己无法用心地去听她说话。后来，她递给我一封信，信上写着“你只要听着就好了”……回想着这些经历，我突然想起她以前常对我说一句话：“我喜欢你的笑容。”如果能回到过去，我或许能做得更好一点。尽管有些不好意思，但我还是在笔记本上写下了自己的优点——“笑容”。

从那次研讨活动以后，我开始学着一点一滴地去认同真正的自己，也更加能站在“共情”的立场上去倾听别人说话了。

人际关系是一面镜子

本书一直强调，“一切人际关系，都不过是一面映照自身的镜子”。在人际交往当中所感受到的厌恶、愤怒，或是一切负面的情绪，都反映出了你自身的某种东西。如果能积极地引导这种负面情绪，把握其最本真的心理动因，就可能将负面情绪转化为正面情绪，造就一种“感情的炼金术”。

在倾听对方说话时，我们作为听的一方，要专心扮演好“镜子”的角色。我们所要做的，就是去映照对方最真实、最原本的模样。因此，倾听者不要想着要如何干涉对方，只要靠近对方就足够了。倾诉者会从倾听者这面镜子里看到自己，看到自己的情绪，并将其与自己的主观感受进行比对、确认。这便是“倾听的魔法”。

任何人的内心深处，都会萌生许多阴暗的想法，有如“恶魔的低语”。那些“恶魔的低语”，会让我们烦恼、消沉，有时甚至还会引诱我们滑向死亡的深渊。

所谓善于倾听的人，就是能够处理好自己同自己关系的人。一个既能欣赏自己的长处，又能悦纳自己的不足，能够宽容地接纳自己的人，也一定是一个善于发现别人的优点，接纳别人的缺点，能够宽以待人的人。一个能够悦纳自己短处的人，不会去掩饰或刻意纠正自己的短处，而是会更多地培养自己的长处。

换言之，不要去理会“魔鬼”，而是要与更多的“天使”为友。宽容地接纳自己的不足，才能友善地对待同样有所不足的对方，不论对方说什么，都能够用心倾听。

严以律己者往往同样严以待人。他们在很多方面都不够宽容，自然也就不懂得倾听。另外，过于吹毛求疵，只能看到别人的缺点，并对此耿耿于怀，不断指责对方的人，不仅不会赢得任何人的好感，甚至在对待自己时，他们也同样只看得到缺点。这种心态会导致精神紊乱、身心失调。

微笑的魔法

所谓自我悦纳，并不是通过理性的思考来肯定自己。过于理性的思考，无法让自我悦纳的尝试成功。自我悦纳的关键，在于通过感性的“感受”去理解、去安慰那个不快乐的自己。是谁放的毒箭？他放箭的目的是什么？比起这些，我们更应当专注于如何“解毒”，也就是去体会自己的感受，接受自己的感情。当我们的身心得到放松、感到舒畅以后，我们就能够将负面情绪转化为前进的动力。假以时日，笑容一定会重返我们的面庞。

人在感到幸福、快乐、喜悦的时候，自然会流露出笑容，也就能更善待自己，善待他人。反过来，人在感到无趣、焦躁、悲伤、愤怒的时候，自然会收起笑容，也就会更苛刻地要求自己和周围的一切。

我们应当时刻留意自己此时此刻的表情。如果笑容消失不见了，我们就要内省一下，自己是不是无趣了，焦躁了，悲伤了，愤怒了……像这样，对照心中的镜子，再度确认自己此刻的情绪。所讨厌的人的某些言行，可能会抹去我们脸上的笑容。我们此时应当注意到自己的感受，宽容地接纳处于负面情绪之中的自己。

想要宽以待己，只有自己本人才能做到。不要刻意压抑自己的感受，而是要竖起感知的天线，敏感地察觉自己和对方的情绪。

前文已经介绍过，心理学中的“倾听”一词，在英语中被称作active listening。我想根据这个单词提出一个新词，那就是active smiling（主动积极微笑）。这不是装腔作势的假笑，而是指回想面带笑容时的自己，关注自己和对方的感受的同时，倾听对方的话语。如此一来，也能为我们带来更大的幸福。这就是“微笑的魔法”。

在我大学毕业后来到的第一家客服中心，有一种名为“笑声”的理念。接线员的工位前放着一面镜子。公司培训我们，要将自己的笑容映在镜子中，要将自己爽朗的笑声传递给电话另一头的人。

将自己每时每刻的感受都映照在内心的镜子中，因善待自己和他人而浮现出自然的微笑，这难道不是一种成功吗？或许有人觉得，这些事都太平凡、太普通了。但正是因为它平凡而普通，才是我们生活中最珍贵的事物。

经常露出自然的微笑，可以在无形中将一种友善的情绪传递给说话者，告诉对方“你可以向我倾诉”。如此一来，不仅对方会向你敞开心扉，你也会更了解自己的情绪变化。哪些话是自己难以接受的，不能接受的原因又是什么……诸如此类的问题也都将迎刃而解。微笑不仅能帮助我们理解自己，也能帮助我们理解对方的感受。

到此我们聊了许多，从点头、附和、复述等具体的技巧，一直聊到了“悦纳自己，认可对方”这种抽象的心理状态。但其实，本书所倡导的“倾听的魔法”的核心内容，只有两点而已。这在本书的开头就已提过：

- **切身体会对方的感受**
- **告诉对方“我在听”**

短短的两句话，看上去十分简单，其实却有着深刻的内涵。各位读完这本书，如果仍觉得“什么共情倾听法，我根本做不到”，也请不要感到沮丧。只要将以上两个要点放在心上，未来就一定能熟练运用“倾听的魔法”，成为真正的倾听高手。为此，也请不要忘记本章所讲的“想认同他人，先认同自己”以及“主动积极微笑”。

若本书能够成为各位读者在“倾听方法”上的参考，则是笔者的无上荣幸。

我坚信，在未来的某日，世界上的大多数人都能友善地倾听自己和他人的声音，认同这世界上每一个人心中的“正确”，我们所有人都能生活在一个充满笑容和阳光的世界里。